언니들의 클라쓰

추천사

오래전부터 꿈꾸었지만 못 했던 일이 있다. 이직보다 전직이 많은 저년차 치과위생사들을 보면서 왜 좀 더 노력해보지 않고 떠나는지 고민하며, 연차별 선배들과 치과위생사로 살아가며 느꼈던 다양한 삶의 이야기를 토크콘서트처럼 풀어내고 싶었다.

『언니들의 클라쓰』를 읽으면서 난 지금 토크콘서트를 끝낸 느낌이다. 치과위생사로서의 삶에 꿈을 더하고 노력하고 실천해온 그들의 도전에 박수를 보낸다. 그들의 이야기에 공감하고 설렘을 느낀다면 분명 어제와 다른 '나'를 발견할 수 있을 것이다. 오늘도 치과위생사로 살아가는 나를 격려하며 길 끝까지 함께하길 바란다.

― 대한치위생학과교수협의회 회장 성미경

짐 자무쉬 감독의 영화 〈패터슨〉은 버스 기사로 일하며 반복적인 일상을 살지만 시 쓰기를 갈망하는 주인공 패터슨의 8일을 다룬 영화다. 아내와 작은 집에서 살아가는 쳇바퀴 같은 일상이 아름답게 그려진 중심에는 '시'가 있었다.

이 책은 치과위생사들의 이야기다. 스페셜리스트로서의 직업의식을 넘어서 또 다른 꿈을 꾸면서 그것을 이루어가고 있는 치과위생사라는 직업군에서 나름 '센' 선배들의 클라쓰를 느낄 수 있다. 치열하지 않게 살아가는 직업은 없다. 하지만 그 치열함 가운데 자신의 또 다른 가치를 찾아서 노력하는 모습은 어디서나 아름답다. 패터슨에게 '시'가 있었듯이 이들에게는 이들만의 '시'가 있다.

― 춘천예치과 대표원장 치의학박사 김동석

임상치의학대학원의 원장으로서 우리 졸업생이 막 사회에 진출하는 치과위생사 후배들의 진로계획을 위해 가이드가 될 수 있는 책을 출간한다는 소식에 더할 나위 없는 기쁨과 보람을 느꼈습니다.

"인생에서 마음을 같이하는 사람들을 만난다는 게 얼마나 큰 복인지 모른다."라는 평범하지만 중요한 진리에 공감하며 치과위생사는 치과의료라는 전문직종에 근무하는 특성을 가지고 있기 때문에 의료봉사, 대학원 연구 등에도 관심을 갖게 해줄 좋은 인생지침서로 추천하고 싶습니다.

— 이화여자대학교 임상치의학대학원장 의학박사 김선종

많은 치과위생사에게 큰 공감과 위로가 될 『언니들의 클라쓰』라는 책은 연령과 상관없이 모두에게 일의 활력을 줄 수 있는 책이라는 생각이 들었습니다. 저 또한 여러 치과위생사의 이야기를 보며 젊은 날의 열정을 다시 한번 추억하게 되었습니다. 이 책은 누군가에겐 위로를, 누군가에게는 공감을, 그리고 또 누군가에게는 추억을 느끼게 해줄 것입니다.

— 서울특별시치과기공사회 회장 유광식

『언니들의 클라쓰』는 한곳에 머무르지 않고, 야무진 꿈을 향해 한 걸음씩 걸어 나가는 언니들의 모습이 아주 인간적이고 진솔하게 잘 드러나 있습니다. 그들의 진심과 사명감이 차곡차곡 쌓여 눈부신 클라쓰를 보여주기에 치과위생사 언니들의 당찬 이야기에 저도 모르게 엄지를 척 펴고 힘찬 박수를 보냅니다.

— 서울시의료기사연합회 회장 강복만

"요즘 N-잡러, 부캐 이런 말 많은데, 치과위생사들도 유튜브에 동영상 올리고, SNS로 일상을 공유하며 다양한 활동을 많이 하지 않아?!" "예순이 가까운 실장님도 계시고, 인플루언서로서 칫솔질과 치과 홍보를 하는 사람, 전업주부로 치과 관련 마케팅 활동을 하는 사람도 있어."라는 대화에 흘리듯 내뱉은 "그런 사람들 모아서 책 쓰면 재밌겠다"라는 사소한 말에서, 「언니들의 클라쓰」는 시작되었다.

기획운영위가 꾸려지고, 저자로 참여할 치과위생사를 모집하였는데 후배와 동료들을 위해 자신의 이야기를 들려주겠다는 치과위생사들이 너무나 빠르게 모여 우리도 놀랐다. 이 책은 치과위생사 16명의 삶과 도전과 성장 이야기가 그대로 담겨 있다.

'노는 게 제일 좋아' 대학가를 누비던 풋내기부터 장애인 치과에서 일하고 공부하며 영끌 중인 후배와 백발이 되어도 진료실에서 환자의 구강건강관리를 하고 싶다며 '시니어 치과위생사'를 꿈꾸는 선배의 이야기까지 그들의 인생을 들여다볼 수 있다. 16명의 치과위생사와 함께 글을 쓰면서 각자의 욕망이 모이면 치과위생사에 대한 인식도 높아질 것이라는 자부심이 생겼다.

치과위생사에 의한, 치과위생사를 위한

「언니들의 클라쓰」는 치과위생사가 기획하고 투자하고 직접 저자가 되어가며 모든 사항을 책임졌다. 각자가 본업을 두고 활발한 활동을 하는 가운데에서도 출판이 임박해 오며 요청사항도 많아졌지만, 일사불란하게 협조하고 서로를 독려하면서 글이 모여 책이 되어갔고 책은 곧 이야기가 될 예정이다. 독자가 자연스럽게 관심이 가는 글을 편하게 찾아 읽을 수 있도록 임상 연차순으로 차례를 정했다. 누구나 삶과 업의 무게가 다른 만큼 자연스럽게 마음이 가고 위로받고 싶은 페이지가 있을 것이다. 홍보를 걱정하는 운영진에게 치과 관련 그림책을 그리는 저자가 책 소개를 하는 그림으로 카드뉴스를 만들어 보내주었다. SNS 활동을 하는 저자는 좋은 뜻이 담긴 책은 더 많이 알려져야 한다며 홍보를 자청했다. 책의 수익금은 치과위생사를 위해 쓰이기를 바라며, 모든 저자가 인세를 반납했다.

모여서 하면 트렌드가 된다.
치과위생사들만이 모여 치과위생사들을 위해 활동을 시작하니 많은 분이 추천사로 아낌없는 응원의 글을 남겨 주셨다. 혼자서 하면 콘텐츠가 되지만 모여서 하면 트렌드가 된다.
「언니들의 클라쓰」는 그렇게 만들어졌다.

- 흰 눈이 소복하게 쌓인 산길을 걷는 검은 호랑이의 기운을 담아서

ǀ 편집위원 김예성 ǀ

- 치과위생사로서 포기해버리고 싶은 순간도 있지만 혼자가 아니라는 것을 느끼고 스스로 털고 일어날 수 있는 희망이 전달되기를…

ǀ 편집위원 조지영 ǀ

- 꿈을 찾으며 인생의 갈무리를 고민하는 그대 곁에 두고 싶은 이야기

ǀ 편집위원 최혜숙 ǀ

- '어제보다 나은 나'를 추구하고 내일을 준비하는 대한민국 치과위생사들이 이 글을 통해 더욱 행복하고 그들의 미래가 더 밝아지기를 기대하며…

ǀ 디엠플러스 대표 유은미 ǀ

차례 CONTENTS

언니들의
클라쓰

같이 걷는 사람

고태희

- 의료법인인화재단한국병원 구강악안면외과
- 충청대학교 치위생과 실습조교
- 현) 충북장애인구강진료센터 전담치과위
  생사
- 충청대학교 치위생학과 졸업
- 단국대학교 보건복지대학원 구강보건학
  과 석사 재학중

진인사대천명 盡人事待天命.
함께할 수 있어 행복하고, 응원할 수 있어
힘이 나며, 배려할 수 있어 가치 있는 여운
깊은 치과위생사 고태희입니다.

★이메일 : koreanp-p@nate.com

꿈을 선택하고, 무언가 되어야만 할 때

누군가는 사회적으로 정해진 길에 따라 꿈을 꾸기도 하고 다른 사람은 자신만의 꿈을 꾸기도 한다. 꿈은 직장과 직업으로 자연스럽게 연결이 되기도 한다. 어른이 되면 어떤 직장에서 무슨 일을 하게 될까 고민도 하기 전에 돈을 어디에 쓸까를 먼저 고민했던 것 같다.

생활에 안정을 주고 가끔 보람과 목적이 되기도 하는 직업, 직장이란 것이 갑자기 생겨나지는 않는다. 그래도 엉뚱한 곳에서 젊음을 낭비하지 않기 위해, 원하는 위치에 깃발을 꽂기 위해 끊임없이 준비하고 노력해야 할 수도 있다.

뽀로로도 아닌데 '노는 게 제일 좋아'를 흥얼거리며 성격이 활발해서 노는 게 적성인 것처럼 후회없이 놀았다.

친구들과 같이 먹는 급식이 맛있고 쉬는 시간에는 교실 밖으로 나가서 교복이 젖는 것도 모르고 물고기를 잡고 학창시절 모든 것이 재미있고 좋았다.

하루도 조용할 날 없이 지내다가 문득 현실적인 생각이 들었다.

'나도 미래를 위해 무언가를 결정하고 시작할 때가 되었구나.'

 자유로운 영혼에게 '해야만 한다', '하고 싶다'라는 생각은 부담감과 갑갑함으로 답답함이 밀려왔다. 시간이 흘려 자연스럽게 찾아온 결정의 시기가 책임감과 함께 갑갑함으로 다가왔다. 그럴 때면 모든 것을 운명에 맡기고 욕심 없이 미래를 결정하게 된다.
 나보다 내 직업에 관심이 많았던 어머니는 어떻게 정보를 구했는지 치과위생사가 취업이 잘 된다고 하니 치위생과에 가는 것이 좋겠다며 조언을 해 주셨다. 미래에 욕심이 없던 나는 갑자기 효녀가 된 것처럼 어머니 말씀 따라 치위생과에 입학했다. 꽃이 피고 지기를 3번 정도 반복했을 무렵, 졸업을 앞두고 이제 내가 정한 미래를 살 수 있는 직업인이 되어야겠다는 꿈을 가졌다.

청춘은 꼭!
아파야만 할까?

  '아프니까 청춘이다'라는 말이 나에게 와닿았을 무렵 욕심 없이 들어온 치위생학과에 그다지 큰 흥미를 느끼지 못했다. 그렇게 나는 스무 살이 되어서야 청춘의 아픔을 실감하게 되었다.

  교복을 입던 학생과 사복을 입게 된 학생은 큰 차이가 있었다.
  먼저, 주민등록증이 생기면서 즐길 것이 달라졌다. 학교 앞 분식집에서 소소하게 플렉스하던 때와는 다르게, 대학교 앞 거리에는 젊음의 거리답게 휘황찬란한 먹거리, 즐길 거리가 너무나도 많았다.
  그렇게 행동반경과 시야가 달라지면서 삶에 대한 해석이 달라지고, 매일 '무얼 하고 놀까?'를 고민하던 내가 '어떻게 살 것인가?'를 걱정하기 시작하면서 책임감도 함께 몰려왔다.
  추억은 돌아보면 아련하고 아쉽다.
  대학교 시절 부모님께 손 벌리고 싶지 않아 쉼 없이 했던 아르바이트와 열심히 하는 모습을 귀엽게 봐주시고 보듬어주시는 교수님께 보답하고 싶어 시작한 임원 활동 등으로 대학시절을 불태웠다. 웃을 일보다는 열심히 한 기억으로 남았다.

그렇게 고단한 생활도 '아픈 청춘'이니까 가능한 낭만처럼 느껴졌다. 부모님과 친구들, 교수님과의 좋은 관계를 위해 여기저기 참견하며 바쁘게 지냈다. 열심히 학창생활을 한 것과는 별개로 졸업 후 어디에 취업해서 어떤 치과위생사가 되어야지 하는 구체적인 목표가 없는 것이 신기하고 불안했다.

어려서부터 치과가 정말 싫었다. 그런 치과에서 일하는 내 모습은 상상이 안 되었다. 별 탈 없이 면허증을 따서 졸업하고 취업해 월급을 받으며 조용히 사는 게 대학 시절의 작은 소망이었다. 그러던 중 방황하던 마음에 잔잔한 요동이 치는 날이 왔다.

실습을 지도해주시는 임상 교수님의 모습에 매료된 것이다. 학업과 임상을 병행하며, 교수가 되어 이론과 실무를 겸비한 멋진 강의를 하시는 모습을 동경하게 되었다.

그때부터 치과위생사로서 꿈이 생겼다. 임상과 병행하며 후배들을 위해 실용적인 내용을 강의할 수 있는 임상교수가 되고 싶다는 강한 목표가 내 안에 생긴 것이다.

그렇게 무언가를 하고 싶고, 되고 싶은 욕구가 생기고 욕심이 났다. 욕심을 가지니 목표가 생겼고 그 목표를 이루기 위해 열심히 하다 보니 교수님의 추천으로 '대한치과위생사협회장상'을 수상하며 대학교를 졸업했다. 목표가 생기니 해야 할 일과 준비할 일들이 눈에 보이기 시작했다. 누군가를 가르치고 누군가의 인생에 대해 조언을 하기 위해 지식과 경험이 더 필요할 것 같았다. 학사학위 취득을 위한 전공 심화 과정을 이수하고 학과 실습 조교를 하며 교수님의 일을 도왔다. 지금 생각하면 청춘은 당연히 아파야 한다 여긴 그때가 신기하다.

청춘은 아프지 않았으면 하고, 아름다웠기만을 바랄 뿐이다.

작은 것에 감사함을 느끼며

현재 나는 충북장애인구강진료센터에서 전담 치과위생사로, 그리고 단국대학교 보건복지대학원 구강보건학과 석사과정을 이수하며 일과 학업을 병행하고 있다.

어려운 길을 자처했다며 걱정해주는 사람도 있다. 몸이 고단할 수 있지만, 학업을 병행할 수 있다는 건 행복한 일이다.

배울 수 있고 배움에 한계가 없으며 거침없는 지금이 너무 좋다.

다만, 직장이 문제였다.

첫 직장에서 직장에 대한 모든 환상이 와장창 깨져 버리고 학업과 병행하기 위해 모교에서 실습 조교를 하며 미래에 대한 방향을 찾고 있었다.

그러던 중 우연한 기회에 첫 직장에서 함께 일했던 수치과위생사 선생님을 만나 이야기를 나누게 되었다. 선생님은 나에게 "태희야, 늦게나마 꼭 해주고 싶은 말이 있었어. 너 그때 정말 일 잘했다. 너 진짜 대단했다."라고 말했다. 그 말을 퇴사한 지 1년 반이 되어서야 들을 수 있었다. 이제야 인정받는 듯한 느낌이었다. 그렇게 수선생님의 말은 불씨가 되어 조교를 마무리하고 재입사를 하게 되었다. 재입사를 할 당시에는 기존 부서에서 근무할 줄 알았다. 하지만 아니었다.

나는 신설된 충북장애인구강진료센터의 전담 치과위생사가 되어 있었다.

처음에는 인정받고 재입사한 것에 만족했다. 평소에 육체적인 것보다 정신적으로 힘든 건 견딜 수 없다고 수없이 말해왔는데, 지금은 육체적, 정신적 이중고를 겪고 있다.

장애인들의 구강 진료 수요를 충족시키기에는 재정이나 인력 등 장애인을 위한 구강 보건 진료체계에 대한 현황이 파악되어 있지 않고, 센터에 종사하는 구강 진료 전문가들의 직무 환경에 해결해야 할 문제가 날마다 생겼다. 장애인 및 보호자의 구강질환에 대한 예방관리행태 등 스스로 증명해야 복지 혜택을 받을 수 있는 사회에서 복지 사각지대에 있는 장애인을 돕는 것에는 실상 해결되어야 할 문제가 많았다.

육체적, 정신적으로 지치고 힘들어도 그나마 다시 일어날 수 있도록 해주는 것은 환자들의 긍정적인 피드백이다. 1월에 진료받은 장애인 환자가 12월에 나를 알아보고 내 목소리를 들으며 안정을 취하며 치료를 받는다는 것에 조금이나마 보상받는 느낌이다.

장애인구강진료센터는 중앙을 포함한 총 15개의 센터가 운영되고 있다. 충북권 개소 전 중앙으로 출장을 다녀온 적이 있다. 이미 장애인 구강 진료를 위해 힘쓰는 의료진들이 계셨고 그분들 중 한 분이 하신 말씀이 기억이 난다. 그분은 나에게 '환자분들이 아무리 불쌍하더라도 감정이입을 하지 말라. 감정이입을 하는 순간 내가 더 힘들어진다'고 조언을 해주셨지만 난 여전히 그게 잘 안 된다.

아침에 눈을 뜨고 물을 먹으러 가는 당연한 일상이 장애 환자분들에게는 당연하지 않았다.

아침에 눈을 뜨는 것 자체가 무엇인지 인지하지 못하고 물 한 모금 내 의지로 넘기는 것조차 혼자서는 어려운 환자들을 진료하고 돕고 있지만, 동정하지는 않는다.

나의 역할은 신체의 일부인 구강의 고통과 기능을 회복해 주기 위해 올바른 진료를 제공하는 것이다. 그리고 올바른 진료를 제공하기 위해 현재 실력을 의심하면서 계속 배우는 것은 환자를 향한 예의이다.

스스로 한 약속 하나를 지키기도 힘이 든다. 덕분에 성장하게 되고 그분들에게 감사함을 배우고 있다.

미국에서는 장애를 'disabled'가 아닌 'differently abled'로 표현하곤 한다. '할 수 없는'이 아닌 '다른 방식으로 할 수 있는' 존재로 대하는 것이다. 그렇기에 그분들을 동정하지 않되 공감하며 바라볼 수 있는 눈을 가질 수 있도록 노력하고 사소한 모든 것에 감사함을 느끼며 일하고 있다.

직업 만족도와 준비는 셀프

　행복한 순간도 잠시, 장애 환자들과 함께 전쟁 같은 시간을 보내는 직장생활에서 나의 직업 만족도는 얼마나 될까? 물론 만족도를 높이기 위해서는 환경적인 측면에서 개선되어야 할 외재적인 요인이 있다. 하지만 아무리 좋은 환경이 주어진다고 해도 만족을 모른다면 지옥 같은 것이다. 나의 만족도는 셀프로 완성된다.

　대학원 3학기 생인 나는 장애인구강진료센터의 기초자료를 마련하기 위해 조그마한 졸업 논문을 준비하고 있다. 2019년 보건복지부 내 구강정책과가 신설됨으로써 정부 주도의 여러 구강 사업들이 시행되고 있으나 실질적으로 장애인구강진료센터 내 인력, 재정, 기술, 많은 진료시간의 소요 등 모든 면에서 턱없이 부족한 실정이다. 장애인의 구강 관리 능력이 굉장히 낮고 구강위생 상태가 불량하여 구강질환 발생률은 높지만, 치료율은 낮다. 현실적으로 예방관리를 기대하는 것은 희망이 없어 보이기까지 하다.

　나는 이러한 장애인 구강 진료에 대한 기초자료 마련에 도움이 되고자 실무자로서 직접 겪을 수 있는 여러 문제점과 개선점 등을 공부하며 지금 겪고 있는 고통의 시간이 의미가 있길 바라고 있다. 장애 환자들을 위한 그리고 그분들을 케어하는 의료진들을 위한 실질적인 개선방안을 모색하는 것이 내 졸업 목표이다.

원래 목표는 크게 잡는 것이라 했다. 근데 자꾸 지치는 것을 반복한다. 일과 학업 사이에서 오는 육체적인 한계를 경험하게 될 때도 있고, 현실적인 벽에 부딪혀 작고 미미한 변화도 일으키지 못하고 졸업하는 것에 만족해야 할 수도 있다는 걸 안다. 목표를 이루기 위해선 크지는 않지만, 그렇다고 쉽지는 않은, 단단한 것. 바로 의지와 용기가 매번 요구되는 것 같다. 미리부터 안 될 것을 예상하고 인생의 행복을 망치고 싶지는 않다.

직업은 양면성을 가지고 있다. 순간 밝은 미래를 보여주며 방향을 제시해 주었다가 금방 긴 터널로 들어가 언제 끝날지도 모르는 고통을 맛보게도 한다.

당신이 원대한 목표를 꿈꾸고 있다면 지치지 않을 수는 없다. 하지만, 원대한 목표를 위해 끊임없이 나 자신을 믿고 일으킬 수 있는 확고한 신념이 있다면, 수백 번 넘어지고 후회할 수 있어도 그때마다 툭툭 털고 일어날 수 있다.

스스로를 일으킬 수 있는 마음가짐만 있다면 뭐든 할 수 있다 믿어 의심치 않는다. 비가 와도 차분히 관조할 수 있는 여유를, 태풍이 와도 담담히 마주할 수 있는 용기를 가지기를 바랄 뿐이다.

당신이 있는 곳에 꽃을 피울 수 있다. 영화 '군도'에 "더러운 땅에 하얀 연꽃이 피어오르는 것은 신의 뜻인가, 아니면 연꽃의 의지인가."라는 대사가 있다. 나를 믿지 못한다면 무슨 일이든 만족스러울 수는 없다. 자신을 믿고 일하는 사람이 용기를 가지면 이기지 못할 것이 없다. 행복하지 않을 이유도 없다. 믿음과 용기는 나의 만족을 위한 필수품이다.

치과위생사

치과 齒科 : 치의학 영역에서
위생 衛生 : 치아 건강을 지키고, 그 방법을 교육하는
사 士 : 보건복지부에서 인정된 면허를 취득한 자

어느 치과 데스크에 적혀있던 문구가 나에게는 매력적으로 느껴졌다.
직업으로서 치과위생사는 매력적인 직업이다.

다들 말하다시피 면허번호를 가진 의료기사로, 높은 취업률, 전문직,
언제든 복귀가 가능한 점 등이 있다.

직업의 확장성도 넓어 보인다. 치과위생사+예방(마케팅, 교육, 컨설팅)
등 그 확장성이 무궁무진한 도화지 같은 직업이다.

단점이라면, 어쨌든 보건 서비스를 제공하는 직업이기에 감정노동이라
고 말할 수 있을 것이다. 이 감정을 컨트롤하지 못하면 육체보다 정신적
으로 더 많이 쉽게 지쳐 힘든 것 같다. 하지만 우리 직업뿐만 아니라 어떤
직업이든 간에 감정이 오가지 않을 수는 없다.

그래서 직장인이라면 감정 연출가가 되어야 한다 생각한다.

단순히 감정에 끌려다니지 말고 감정을 스스로 능수능란하게 다루고 즐길 수 있는 연출가 말이다. 스스로의 감정을 조절할 수 있는 주인공 말이다.

만족도 100%인 직업이 있을까? 만족도가 조금 부족해도 원하는 감정을 스스로 창조하고 지속할 수 있다면 인생의 주인공이 될 수 있다고 생각한다.

직업이 나를 더 성장시키고 더 나은 사람이 되게 해주었다. 다만, 직업의 최종 목적지를 어디에 두고 하루하루 목적에 가까워지고 있는지가 직업의 매력도를 높인다. 혹시 지금 치과위생사에 대한 막막함과 의심이 있다면 좀 더 매력적인 직업을 찾아서 고민해 보는 것도 좋다. 고민으로만 끝내지 않고 적극적으로 직업의 만족도를 통해 인생의 만족도를 높이기 위해 적극적인 행동이 따라주어야 한다.

초년생 시절 방황했지만, 현재 나의 직업전선은 맑음이다.

그곳에 머물러 있지 말고, 하나 더 올라서면

글쓰기가 어려운데 치과위생사의 공동출판에 참여하게 된 이유는 더 많은 '요즘 치과위생사'들과 대면이 아닌 글을 통해 비대면으로 만나서 생각을 나누고 상호작용을 일으키기 위해서다.

'요즘 사람들', '요즘 젊은이들', '요즘 것들' 어느새 단어 앞에 요즘이라는 단어를 두어 그들을 궁금해하기 시작했다.

요즘은 어디에서 시작하는 걸까? '요즘'이라는 단어로 편을 나누는 느낌이 들기도 하지만, 나도 '요즘 치과위생사 선생님들은'이라고 말을 시작하곤 한다.

내가 말하는 '요즘 치과위생사 선생님'들은 정말 너무 예쁜 나이대에 이제 막 취업하신 새내기 선생님, 현재 임상에서 활발히 활동하시는 경력 있으신 선생님, 휴직하고 다시 복귀하신 선생님 등 임상에 계신 모든 치과위생사 선생님이다.

'요즘 치과위생사'는 어떻게 살고 있을까?

정보의 홍수 시대라고 한다. Two Job은 기본이고 Three Job은 능력이라는 말이 있다. 조금만 둘러보아도 여러 방면으로 능력 있는 선생님을 만나는 것이 어렵지 않다.

다방면으로 능력을 보이는 선생님들도 있지만, 내 Main Job에 만족하지 못하거나, 주어진 일만 하는 선생님들도 있다는 것이다. 내가 그러했다.

크게 하고 싶은 거나 되고 싶은 것도 없어 욕심 없이 들어간 학과에, 그저 열심히 해서 졸업을 하고, 국가고시에 합격하고, 첫 직장은 큰 병원이지 하는 마음으로 입사했다.

첫 직장에서는 만족을 못 하고 이직을 해볼까, 급여가 이게 뭐야, 대우가 이게 뭐야 하는 생각만 하고, 진료 끝나면 집에서 멍하니 있다가 다시 출근하고의 반복이었다. 그렇게 1년을 보내고 2년차 때는 일에 대한 권태가 왔다(사실 일에 대한 권태는 여전히 연말만 되면 주기적으로 찾아오는 것 같다). 허탈한 웃음만 내뱉다가 이러면 죽도 밥도 안 될 것 같다는 생각에 권태를 즐긴 그 시간이 내 인생의 두 번째 전환점이었다. '어떻게든 되겠지'라는 말을 달고 살았다. 책임감이 없어서 하는 말이 아니었다. 할 수 있을 때까지 해보고 이런저런 방식으로 대입해보고, 이렇게 해도 안 되면 안 되는 거고 되면 되겠지 라는 생각으로 일단 시작해보고, 힘들어 지칠 때면 막연한 미래에 대한 두려움 대신, 어떻게든 해결할 수 있다는 긍정적인 희망으로 다시 일어섰다.

| 미래를 낙관하는 나를 믿고 일한다는 것 |

믿음과 긍정으로 여전히 달려가고 있다. 어떠한 일을 성공적으로 마무리하는 과정과 결과에 있어 조금의 후회도 남지 않았다면 그건 결코 '성공적'이었다 말할 수 없을 것 같다. 후회가 있었기에 그만큼 더 의미 있고 가치 있었으며, 성공적일 수 있었다. 실수를 만회하기 위해 새로운 목표를 만들고 끊임없이 마인드 컨트롤하며 노력했다.

20대, 나와 같은 세대의 치과위생사가 롤모델과 멘토에 집착하지 않았으면 한다. 20대는 너무나도 예쁘고 무얼 해도 사랑스러운 나이인 것 같다(물론, 모든 나이대가 사랑스럽지만 말이다).

'세상을 보는 너의 눈'을 만들어가는 과정이 되어야 한다는 말이 있다. 실수를 만회할 시간이 충분한 만큼 정해진 길을 따라가기보다 스스로를 믿고 자기가 자신의 롤모델이 되는 것은 어떨까?

아울러 모든 임상 치과위생사 선생님들이 지치지 않았으면 좋겠다. 근데 사람이 어떻게 지치지 않을 수 있을까. 지칠 수 있기에 회복할 수 있다. 마음껏 아파하고, 힘들어하고, 괴로워하기도 하고 다만, 나 자신을 자책하지 말고 자격지심을 가지지 않고, 나 자신을 끊임없이 믿고 격려했으면 한다.

| 나를 제대로 알아가는 것 |

GPGS라는 모임에 활동한 적이 있다. Good People Good Society의 약자이다. 좋은 사람이 많아지면 좋은 사회가 된다. 좋은 사람의 정의는 모두 다르겠지만, 개인적으로 스스로를 잘 알고, 가치관을 타인에게 설명할 수 있으며 타인의 가치관을 인정할 수 있는 사람이 좋은 사람인 거 같다. 그렇게, 자신을 제대로 알아가셨으면 좋겠다. 나 자신을 깊게 그리고 제대로 알면, 제대로 들을 수 있고, 읽을 수 있고, 구분할 수 있고, 제대로 쓸 줄 알며 나아가 제대로 말할 수 있고 그로 인해 행동할 수 있다.

살기 좋은 사회를 만들기 위해 세상을 변화시킬 것이 아니라 자신을 잘 알고 올바른 가치관에 가까워지기 위해 행동하면 영향력은 저절로 생기는 것 같다. 나 먼저 치과위생사로서 한 걸음씩 성장하고 발전하여 당당한 사회의 일원으로 자리 잡아 좋은 사회에 기여할 수 있게 끊임없이 연구하고 노력해야겠다. 지식과 임상의 끝은 없는 것 같다.

지금 나는 선배, 동료, 후배 치과위생사들과 함께 당당하게 치과위생사로 활동할 수 있는 기본기를 다지는 중이다.

End와 And / 삶으로서의 일, 끝이 아니고 그리고

이승철의 '아마추어'에

'아직 모르는 게 많아 / 내세울 것 없는 실수투성이 / 아직 넘어야 할 산은 많지만 / 그냥 즐기는 거야 / 아무도 가르쳐 주지 않기에 / 모두가 처음 서 보기 때문에 / 우리는 세상이란 무대에선 / 모두 다 같은 아마추어야'

라는 가사가 있다. 우리 모두가 '이번 생은 처음이니까' 서툴고 마냥 신기하다고 말한다. 모두는 모르는 게 많은 것이 당연하고 처음 겪어보는 일들이 많은 것이 당연한 나이이다.

"노력하는 자는 즐기는 자를 이기지 못한다."

"당연한 것을 두려워하며 노력하기보단 즐길 수 있도록."

"씨앗에 불과하던 자신을 더욱 아름답게 꽃 피울 수 있도록,
여느 꽃 못지않은 화려한 기개를 뽐낼 수 있도록."

모든 끝은 시작과 맞물려 있다. 오늘의 힘듦은 내일의 행복과 맞물려 있다는 희망이 나를 진료실로 연구실로 뛰어다니게 만든다.

지금 어딘가에서 비슷하지만 서로 다른 꿈을 꾸고 있는 그 인생 속 주인공인 당신의 선택은 항상 바른 곳을 향해 있을 것이다. 모든 치과위생사들, 그 앞으로의 삶을 응원한다.

언니들의
클라쓰

치과 그림책 만드는
치과위생사

김효선

- 현)논산 연세퍼스트 치과 데스트 팀장
- 나인 덴탈 아카데미 "차별화된 스케일링" 강연
- "앗! 치아가 흔들려요" 치과 그림책 출판
- 건양대학교 치위생학과 졸업

치과에서 일하다 보면 아이들이 치과 공간에 대해 너무 무서워하고, 우는 것이 항상 신경 쓰였습니다. 아이들 관점에서 이해하고 안심시켜주고 싶어서 아동에 관한 서적을 읽다 보니 여기까지 왔습니다^^

★이메일 : futuremomo@naver.com
★인스타그램 : futuremomo_
★블로그 : https://blog.naver.com/futuremomo

치과 그림책 만드는 치과위생사!

첫 치과 그림책을 출판한 지 어느덧 3개월이 지나고 있다. 치과 대기실에서 직접 만든 그림책을 아이들에게 읽어 주시는 환자분을 볼 때 뿌듯한 마음이 들고 데스크에 근무하면서 알아봐 주실 때마다 어찌 표현해야 할지 모를 정도로 감사하다. 하지만 이 시점에서 고백할 부분이 있다.

치과 그림책 만드는 치과위생사는 사실 그림과 전혀 연관이 없는 사람이어서 가끔 집에 있는 그림책을 볼 때마다 놀랄 때가 많으며, 그림에 소질도 없다는 황당한 이야기를 시작해보려고 한다.

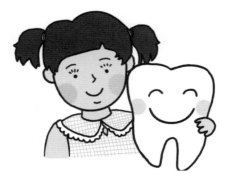

〈그림책 '앗! 치아가 흔들려요!' 수록된 그림삽화〉

어려서부터 글 쓰는 것을 참 좋아했다. 잘 쓰진 못하지만, 진심으로 쓰인 글의 힘을 믿어서일까? 글을 통해 말로 표현할 수 없는 마음과 짙은 감동을 전할 수 있다는 것에 크게 매력을 느꼈다. 그렇게 언젠가는 꼭 내가 쓴 책을 출판하는 것이 인생 목표 중 하나로 생각하고 있었다. 하지만 그림과 연관 없는 내가 그림책을 내다니……. 나의 그림 실력은 아예 못 봐줄 정도는 아니지만, 수업 시간에 친구에게 잠시 그려준 그림 낙서가 전부였다. 곰손인 내가 그림책 주인공을 창작해서 그려나가고 치과 그림책 작가로 도전한 계기는 바로 치과에서 만났던 아이들 덕분이었다.

근무하고 있는 치과 원장님께서 아이들을 굉장히 잘 보시는 분으로 소문이 나서 소아 환자의 수가 꽤 늘어났다. 치과에는 좋은 소식이었으나, 나에게는 큰 시련으로 다가왔다. 아이들의 울음소리에 머릿속이 온통 하얘져서 어쩔 줄 몰라 했다. 신속 정확하게 치료해야 하는 치과 안에서 이런 내 모습이 참 실망스러웠다. 반성도 많이 했고, 실질적으로 이런 자신을 바꾸고 싶었다. 무작정 서점으로 가서 아동과 관련된 서적 하나를 점원에게 추천을 받아서 샀다. 감정 코칭에 관한 책이었는데 이 책으로 나는 아이들의 감정을 공감하고 이해하는 방법을 배울 수 있었다. 처음으로 접한 아동 서적이었지만, 지금까지도 인생 책 목록 중 하나가 되었다.

시간이 될 때마다 아동 서적을 이것저것 찾아서 읽고 조금씩 치과 안에서 아이들과 소통하는 연습을 했다. 소통해 보니 아이들도 이야기를 통해서 얼마든지 현실적인 부분에 대해 이해할 수 있는 친구들이라는 것을 깨닫게 되었다. 치과에 오기 전에 아이들에게 치과에 대해 더 친절하게 설명해주면 좋을 것 같았다. 그림책으로 알기 쉽게 말해주면 더 좋지 않을까? 아이들을 위한 치과 그림책을 직접 내고 싶다는 꿈이 생겼다.

퇴근 후에 그림책과 관련된 책과 강의들을 찾아보고 배웠다. 일이 아닌 취미생활로 천천히 시도를 해보니 마음 한쪽이 편해지면서 일과 관련된 스트레스도 오히려 그림을 그려나가면서 풀리는 느낌이 들었다. 전공자가 아니어서 아무래도 그림 삽화 부분은 여전히 어렵지만 계속 그리다 보면 진심도 그려지지 않을까 하는 생각으로 지금은 두 번째 책을 위해 연습 중이다.

앞으로도 치과에서 일하면서 나의 목소리와 생각이 담긴 그림책을 계속 출간하고 싶다. 기회가 닿으면 전시회를 열어 그림책으로 발생한 수익을 아이들을 위해 기부하는 것이 최종 목표이다.

직업을 넘어 진정으로 행복을 나눌 수 있는 사람이 되고 싶다.

누구나 힘든 그 1년차

누군가 다시 돌아가고 싶지 않은 순간이 언제냐고 묻는다면, 나는 망설임 없이 '1년차 때'라고 말할 것 같다.

동네에서 나름 잘되는 치과로 취직했던 첫 임상경험은 충격으로 다가왔다. 나름 국가고시도 열심히 공부해서 합격했고 꿈에 그리던 자랑스러운 치과위생사가 되었는데, 내가 바로 임상에서 할 수 있는 영역은 현저히 적었다. 학교 특성상 대학병원에서만 실습을 해서 그랬을까? 다른 직군과 일을 할 수 있다는 생각을 미처 하지 못했고, 사회생활 경험과 순발력이 부족했던 신입 시절 매일매일 자기반성 하기 바빴다. 결국, 한 달 만에 치과에 적응하지 못한 채 종합병원으로 이직을 결정했다.

종합병원이 동네 치과보다 더 체계적이고 시스템이 구축되었을 거라고 생각했지만, 또 다른 어려움에 직면하게 되었다. 그때의 할 수 있는 능력은 낮은 수준이면서 직업에 대한 자부심만 높은 치과위생사가 겪는 시행착오를 경험했다.

그렇게 신입 때 벌써 두 번의 퇴사를 경험하자 나는 치과계와 맞지 않는 사람이라는 생각이 들었다. 대학 생활 내내 치과위생사만을 생각하고 달려온 나에게는 인생에서 가장 힘든 시기였다.

두 번의 퇴사로 자신감과 자부심 모두 바닥을 쳤던 그 시기에 마지막으로 도전한 곳이 예방 전문 치과였다. 그곳에서는 예방 전문과정을 배우며 치과위생사로서 독립적으로 할 수 있는 행위들이 많았다. 위상차 현미경 검사부터 타액 완충능 검사, 구강 미생물 검사 등 끊임없이 환자에게 보여드리고 관리하고 교육하면서 치과위생사로서 숨통이 트였다. 환자 개개인의 구강 환경에 맞게 구강용품을 처방해 드리고 알려드리는 과정에서도 가슴 속 열정이 살아나기 시작했다.

예방 치과는 꼼꼼했던 나를 더 꼼꼼한 사람으로 만들었다. 환자분의 예방하기 전 상태와 관리 후의 상황을 기록으로 남기며, 환자 맞춤형 예방 프로그램을 실현하려고 노력했다.

이제 맞는 옷을 입은 것처럼 나는 매우 기쁘게 예방 프로그램에 빠져들게 되었다. 그렇게 예방관리를 원하시는 환자분들이 점점 늘어났고, 저년차였지만 감사하게도 강연자의 기회를 얻어 떨리는 목소리로 '차별화된 스케일링'이라는 주제로 강단에 서게 되었다.

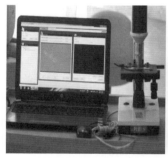 

〈예방 치과에서의 위상차현미경 검사와 차별화된 스케일링 세팅 모습〉

예방을 시작하는 치과에 직접 가서 구강용품 세미나를 하고 예방관리하는 모습을 보여드리며 컨설팅을 했다.

가장 힘든 시기 뒤에는 가장 찬란한 시기가 바짝 따라오고 있었다.

치과의 세계는 배울수록 배울 것이 무궁무진했다. 치과 안에서 진료실, 수술실, 예방실, 소독실, 환자 상담, 보험 청구, 고객 관리 등 의료서비스 업무가 복합적으로 이루어졌고, 치과의 경영에 필요한 다양한 환경이 기회가 되어 다양한 능력을 키울 수 있었다.

〈예방 강연 모습〉

변화를 두려워하고 유연하지 못했던 신입 시절을 보내며 치과위생사로 다양하게 일하는 방법을 찾았다. 환자나 치과의사, 치과위생사뿐 아니라 다양한 직군과 거래처분들과 소통하는 법을 배우기 시작했다.

치과 그림책은 환자와 직접 소통하는 방법이고 김효선을 사람들에게 미리 알리는 명함 같은 훌륭한 도구가 되었다. 직업적인 성장뿐만 아니라 내면의 성장까지 도와주었다고 말할 수 있을 것 같다.

현재는 치과에서는 7년차 치과위생사이자 데스크팀장으로 일하고 있다. 1년차 때 꿈꾸던 치과위생사는 임상에서 훌륭하게 일하는 모습이어서 사실 데스크에서 일하는 생각을 하지 못했었다.

진료실 안에서 치과 보험 3급을 취득하고 우연히 기회가 찾아왔다. 원장님께서 데스크에서 일주일에 한 번 일하면 어떻겠냐고 제안을 주셨다.

막상 경험을 해보니 걱정과 달리 데스크는 진료실과 분리된 곳이 아니었다. 환자에게 오늘 진료 술식에 대해 다시 한번 정리해드리고 주의사항을 일러드리는 것과 다음 예약을 도와드리는 부분은 환자의 치유를 돕는 꼭 필요한 과정이었다. 진료실 안에서는 대부분 환자분이 공포심으로 얼어 있기 때문에 주의 깊게 잘 듣지 못하셔서 앞에서 한 번 더 설명해 드리고 고생하셨다는 말과 함께 격려를 아끼지 않았다.

데스크 업무는 환자분들과의 소통이 확실히 많은 곳이었다. 환자분들과 직접 소통하는 것을 좋아하고 자신 있어 하는 나를 발견하면서 고정으로 데스크 업무를 하는 팀장이 되었다.

팀장은 환자와의 관계에만 신경 쓰지 않고 앞으로 일어날 업무를 예측하고 직원들에게 업무를 위임해서 원활하게 운영하는 방법을 알아야 했다. 진료실과 데스크의 업무를 모두 경험한 노하우를 활용해 상담실 안에서만큼은 환자분과 친구가 되는 느낌으로 친숙히 다가가니 환자분들도 많이 믿고 찾아와 주시는 것 같아 보람이 꽤 크다. 누군가에게 필요한 사람이 되는 것은 기분 좋은 경험이다.

> 치과 안에서도 여러 분야가 있는데, 기회가 찾아온다면 도전하는
> 것을 두려워하지 말라.

고 말하고 싶다. 도전하다 보면 자신의 숨겨진 모습과 장점을 새롭게 알 수 있고 자기가 잘하는 분야를 찾는 기쁨을 얻을 수 있다. 기회 또한 계속 도전하는 선생님들에게 찾아올 거라고 믿어 의심치 않는다.

그림책 출판을 꿈꾸는 이들에게

책 한 권은 반드시 내겠다는 의지! 그 의지와 열정만 있다면 누구든 출판할 수 있다고 자신 있게 말할 수 있다. 그림책은 결코 아이들만 읽는 서적이 아니다. 독자 연령층은 포괄적이니 다양한 주제로 도전해 보는 것을 추천한다.

나는 사실 곰손일 뿐만 아니라 그리기에 좋지 못한 조건들은 다 갖추고 있었다. 바로 '다한증'과 '손 떨림'이었다. 연필을 이용해 도화지에 그림을 그리는 이 단순한 행위에도 선이 흔들리고, 열심히 그린 그림이 땀으로 번지는 일이 많아서 포기하고 싶었다. 다한증을 앓고 있는 사람, 긴장하면 손이 떨리는 사람도 편하게 그리는 방법이 없을까? 고민하다가 우연히 '디지털 드로잉'을 알게 되었다. 태블릿 화면으로 그리는 그림이기에 번질 일도 없고 떨리는 선 또한 보완해 주니 그림에 대한 자신감을 많이 회복할 수 있었다.

그림책 작가로 도전하니 7년간의 치과 생활이 환기되면서 새로운 활력소가 되고 있다. 첫 그림책을 출판했을 때 주변에서 일도 힘들 텐데 어떻게 책을 낸 거냐고 많은 질문을 받았었다. 출판을 일이 아닌 취미로 즐겁게 했기 때문에 가능했던 것 같다. 진짜로 좋아하는 일을 하니 시간 가는 줄 모르고 몰입할 수 있어서 행복했다. 직업과 취미가 일치하니 모든 면에서 시너지가 넘쳐나고 작가가 된 지금 오히려 치과 일이 더 잘 되는 느낌을 받았다.

德業一致(덕업일치)
자기가 열정적으로 좋아하는 일을 직업으로 삼음

그림책의 매력은 치과위생사의 매력만큼이나 무궁무진하다. 자기 생각과 뜻을 자유롭게 그림과 글로 표현할 수 있다. 형식과 내용이 자유로워서 만들면서 힐링이 되는 경험을 할 수 있다. 나의 목소리로 아이들과 소통할 수 있어서 참 감사하고 무엇보다 치과 그림책을 만드는 치과위생사가 된 지금 가장 행복하다. 그림책으로 소소한 행복을 느끼는 지금 딱히 단점이 생각나지 않지만, 굳이 꼽자면 생각보다 많은 시간을 투자해야 하고 정말 시간이 잘 간다는 것이다. 출판하는 동안 다른 취미활동과 약속, 모임 등은 생각할 수가 없었다.

일하면서 혼자 출판하는 데 드는 기간은 보통 3개월 정도인데, 일과 병행하면서 그 안에 끝내기는 매우 어려운 일이 될 수 있다. 일과 취미 모두 스트레스받지 않는 적정선을 찾으면서 스스로 컨트롤하는 것이 가장 중요하다고 말하고 싶다.

현실적으로 개인이 취미로 책을 출판하기 위해서는 몇 가지 출판 프로그램을 다룰 줄 알아야 하는데 대표적으로 인디자인, 포토샵 등이 있다. 한 번도 접해보지 않은 프로그램이 다수여서 처음에는 어렵겠지만, 유튜브나 교육 강의가 굉장히 잘 되어 있어서 자신에게 맞는 강의를 직접 찾아보는 것을 추천한다.

나의 경우는 그림책 만드는 강의를 매일 찾아서 듣고 주말을 활용해 프로그램들을 직접 실습하다 보니 점점 그림책다워지는 결과물을 얻을 수 있었다. 그리고 그림책이 많은 사람과 만나서 생명력을 가질 수 있도록 'SNS를 활용하고 소통하기'가 필요하다. 그림 삽화만큼이나 어려워하는 부분이 바로 이 SNS 부분이다.

　출판하고 SNS 소통의 중요성을 절실히 느끼게 되었다. 자기 PR 시대니만큼 홍보를 별도로 맡기더라도 자신의 작품은 스스로가 제일 잘 알기 때문에 저자가 직접 나서서 소통하는 것이 좋다. 자신만큼 제일 본인 브랜딩을 잘하는 사람은 없을 것이다. SNS에는 홍보 효과도 있지만, 소통을 넘어 기록하는 용도로도 활용할 수 있어서 장점이 매우 많다. 제작하는 과정을 일기처럼 기록을 남기고 이를 공유하는 습관을 지니면 언젠가 꼭 큰 자산이 돼서 돌아올 거라고 확신한다.

〈주인공 첫 탄생 밑그림〉

자기 자신을 아는 치과위생사!

치과위생사지만 치과라는 틀에 고정하기보다 자기 자신이 무엇을 좋아하고 잘할 수 있는지에 초점을 맞추고 진정으로 자신을 아는 치과위생사가 되기를 바란다. 치과에서 일하다 보니 환자, 원장님, 직원들과 소통을 우선시하고 치과 안의 상황에 초점을 맞추다 보니 제일 중요한 나 자신이 기억나지 않았다. 많은 직장인이 공감할 부분일 것이다. 직장생활을 오래하다 보면 자신보다 직장 상황을 먼저 고려할 수밖에 없게 된다.

"내가 직장인인데 이걸 할 수 있을까?"
"한 번도 안 해본 건데 할 수 있을까?"

이 질문들은 처음 그림책 출판에 관심을 가질 때 했던 질문이다.
공동 저서로 내는 이 출판 또한 하나의 도전으로서 앞서 했던 질문을 또 한 번 생각하게 되었다. 안 하고 후회하는 것보다 차라리 하고 후회하는 게 낫다는 말이 주마등처럼 스쳐 지나갔다. 후회하더라도 돈으로 살 수 없는 중요한 경험을 얻을 수 있으니 이 또한 나를 성장시키는 기회이고 진정으로 치과위생사 후배들을 위해 도움이 되고 싶다는 마음으로 한 자 한 자 쓰고 있다.

사실 직장인이 취미를 갖는 건 사치라고 생각을 했다. 일하면 힘들고 쉬어야 할 텐데 무슨 시간이 있어서 취미를 갖는 걸까? 그럴 시간에 더 쉬어야 내일 일을 할 수 있는 시기가 있었다. 쉬는 것을 당연하게 받아들이며 의미 없이 시간이 지나면 어김없이 다시 일하는 시간이 왔다. 쉬는 시간과 일하는 시간 모두 재미없는 일명 '노잼시기'가 찾아왔다.

요즘 직장인들의 휴식을 나는 '불편한 휴식'이라고 축약해서 표현하고 싶다. 직장인들 사이에서 'N잡러'라는 말이 거의 유행처럼 매일 도는데, 내가 일 끝나고 지금 이렇게 쉬어도 될까? 뭐라도 해야 하는 게 아닐까? 걱정은 들지만, 선뜻 아무것도 할 수 없어 결국 휴식 아닌 휴식을 취하게 되는 참으로 불편한 휴식이다.

그래도 일할 때는 열정적으로 하면 덜 불안할 줄 알았는데 일을 마치고 나면 그 불편함이 돌아오곤 했다. 나는 이러한 불편한 휴식을 무려 7년 동안 했다. 저년차 때부터 예방실이라는 독립된 공간에서 예방을 할 좋은 기회가 주어졌고, 보험 청구 공부를 겸하면서 쉬지 않고 일해 왔지만, 정작 쉬는 날에는 불편한 휴식을 보낼 수밖에 없었다.

7년차 서른 살, 불편한 휴식의 종말을 선언하고 싶었다. 시간을 불편하지 않고 편안하게 즐길 수 있는 것이 무엇일까? 가까이 있는 것부터 찾아보니 치과 이야기로 출판하는 것을 꿈꾸고 있었다. 미래는 보이지 않아 더 불안하다고 한다. 아직 찾아오지 않은 미래에 대해 걱정하기보다는 지금 현실에서 내가 해볼 수 있는 것부터 실행하는 걸 목표로 삼았다. 일상 속에서 취미를 찾은 것은 잊어버린 자신과 다시 만난 느낌이 들었다.

치과 일이 평소보다 버겁고 힘들다고 느껴진다면 자기만의 시간을 어떻게 보내고 있는지, 마음을 울리는 불꽃이 켜져 있는지 확인해 봐야 한다. 스스로가 진정으로 좋아하는 일을 찾아서 할 때 자기 돌봄과 동시에 자기발전이 된다는 사실을 기억했으면 좋겠다.

　'고진감래'라는 사자성어를 실제로 내가 많이 겪게 될지는 몰랐다. 치과에서는 때론 순발력과 타이밍이 굉장히 중요한 상황들이 많다. 그 결과가 좋지 않았을 때 부족한 스스로를 자책하는 성격이라 자존감도 많이 낮아지고, 나에게 치과 계열이 맞는지 갑자기 의문을 가지기도 했다.
　실제로 신입 선생님들 상담을 해보니 잘하는 것과 좋아하는 것 사이에서 고민하며 지금 하는 이 일이 자신에게 맞는 진로인가 하는 의구심이 많았다. 어려운 상황에 봉착했을 때 바로 긍정적으로 생각하기 쉽지가 않다. 하지만 이 고진감래의 법칙은 정말 잔인하고 제일 힘든 순간을 잘 참아내어 지혜롭게 대처했을 때 이루어지는 법칙이다.

　이 글을 읽고 있는 모든 선생님에게 현명한 지혜가 꼭 찾아오기를 기도드리며 더불어 자신과 꼭 맞는 취미생활을 찾아서 자기 돌봄의 소중한 수단으로 활용할 수 있도록 응원하고 싶다. 대한민국 치과위생사 파이팅!

Pacemaker
(페이스메이커)

김지현

- 현)서울인치과 / 코코넛치과 진료스텝
- 현)한국치아은행 영상프리랜서
- 현)사이드프로젝트_배지태리(vegetari_ eco) 팀원
- 을지대학교 치위생학과 졸업

'샘물'이라는 브랜딩 아래 치과위생사들의 pain point를 해결하고 싶은, 임상과 N잡 도전으로 그대들과 함께 가는 pacemaker 입니다.

★이메일 : jh950606@naver.com
★인스타그램 : sammul414

프롤로그 : 그대들과 함께 가는 5년차 페이스메이커(pacemaker)

저자로 참여하시는 선생님들의 이력은 "대단하다."라는 말이 절로 나온다. 저자분들의 이력을 보다가 "엥? 너는 여기 왜?" 하는 지점이 있을 것이다. 나는 최종학력은 학사일 뿐이고, 한창 배워가는 5년차이며, 4명이 일하는 작은 로컬 치과 의원에 다니고 있다. 사실 함께하시는 선생님들에 비해 현재 나의 경력은 한참 부족해 보인다.

'응, 그건 알겠고, 근데 그 실력으로 왜 쓰려고 한 거야?'

스스로 물었다. 왜 쓴다고 했을까. '저 책 썼어요.' 하는 번지르르한 무언가가 필요해서가 아니었다. 요즘 고민이 있는데, 책 쓰는 것이 문제를 해결하는 하나의 방법이 될 수도 있겠다고 생각했다. 고민하던 문제는 나의 미션과 연관이 된다.

나를 움직이게 하는 미션은 '주인에게는 시원한 한 잔의 물과 같은 사람, 함께하는 사람들에게는 마음을 흡족하게 하는 샘물과 같은 사람이 되는 것'이다. 내가 가진 것들을 값없이 나누어 필요로 하는 사람들의 부족이 채워질 뿐만 아니라 조금은 여유로워진다면 가치 있는 삶이 아닐까 생각한다. 나에게조차도 추상적으로 다가왔는데 이 글을 읽는 사람에게도 미션이 모호하게 보일 수 있겠다.

'치과위생사를 통해 미션을 어떻게 이룰 수 있을까?'를 생각하며 주변을 돌아보기 시작했다. 하루에 한 번씩은 꼭 치과위생사 커뮤니티에 들어가는 편이다. 하루에도 수없이 상담 및 보험 청구, 연봉협상, 재료나 기구, 술식, 세미나 등등의 많은 질문과 정보가 올라온다. 수많은 내용 속에 매번 반복적으로 눈에 띄고 안타까웠던 부분들이 있다. 이 부분을 나의 pain point라고 말하고 싶다.

첫 번째로는 직업적 자존감의 결여로 잦은 퇴사와 이직을 반복하는 저년차 치과위생사이다.

두 번째는 결혼 및 육아, 혹은 다른 이유로 경력이 단절되어 다시 복직하고 싶지만, 자신감이 떨어져 주저하시는 경단 치과위생사 선생님들이다.

생각해 보면 나도 저년차 시절이 있었고, 언제든지 경력이 단절될 상황에 놓일 수 있기에 비단 '남'의 일로만 여겨지지 않았던 것 같다. 그분들의 고민과 걱정들이 '나'의 일로 다가오기 시작했다. 채팅으로 가끔 듣고 위로를 드리긴 했지만, 그 이상의 무언가를 줄 수는 없을까 고민하면서 문제를 해결하고 싶은 마음이 점점 커졌다. 그렇게 나의 미션과 연관 지어 구체적인 비전을 기록해보게 되었다.

나의 비전은 치과위생사의 행복한 직업 생활을 돕는 것이다. 내가 가진 치과위생이라는 지식과 경험을 가지고 '스스로 행복하지 않다. 자존감이 너무 떨어진다.'라고 생각하는 분들을 돕고 싶다. 교육과 세미나라는 툴(tool)을 통해서 전달한다면 직업적 자존감을 회복하고, 또 행복한 직업 생활로 이어지지 않을까 생각해 보았다. 가능하다면 1인 회사를 만들어 접근이 쉬운 임상 관련 교육 및 세미나를 기획하고 싶다. 거창한 미션과 비전 아래, 아무것도 아닌 나는 그렇게 꿈을 꿔본다. 성장이 눈에 보이지 않아도 조금씩 자라고 있음을 믿으며, 하루하루 비전을 밟아나가고 있다.

임상가로서 쉽지 않은 하루를 보내는 나이지만, '이 글을 통해 작은 위로를 전달할 수 있지 않을까?' 하며 응원하고 싶다. 이 마음이 책을 쓰기로 도전했던 결정적인 마음이다. 나 같은 사람도 비전을 그려나가고, 도전하고 공부하는 모습을 통해 그대들의 마음에도 무언가 타오르지 않을까. 이미 내 눈에는 그대들이 너무 멋지다고, 충분히 할 수 있다고 응원하며 글을 적기 시작한다.

나는 그대들과 함께하는 5년차 페이스메이커이다.

눈 떠보니 갑분
치과위생사

치과위생사가 꼭 되고 싶었던 건 아니었다. 부모님의 추천이 있었고 성적으로 갈 수 있는 학과로 진학했다. 학과 공부를 하면서도 딱히 안 맞는다거나 너무 좋은 포인트도 없었다. 대학병원에서의 실습이 재미있어서 '이 직업이 내게 아주 나쁘지 않은 직업이 될 수 있겠다'는 생각을 했다. 시간이 지나 자연스레 갑분 치과위생사가 되어 있었다.

우리의 무기(?)라고 할 수 있는 취업 뽀개기. 졸업과 동시에 취직해서 치과병원에서 2년 동안 일했다. 네트워크 치과병원에서 일했지만, 체계적인 교육프로토콜을 접하기 어려웠다. 선배 선생님들은 반복되는 교육에 지쳐계셨다. 많은 분이 그랬겠지만, 교과서에 나온 이론과 실무의 간극을 몸소 경험하며 배워야 하던 시간이었다. 1년차 당시 그런 부분이 아쉬웠다. 아쉬운 부분을 보완하고자, 다음에 입사할 연차가 어린 선생님을 위해 교육 자료를 하나씩 만들어갔다.

치과위생사가 된 첫해에는 배워야 할 것을 배우지 못했다. 의료인(기사)으로서의 마음가짐을 배우기도 전에 돈으로 계산되는 '의료행위'를 서비스처럼 제공해야 하는 실태와 마주해야 했다.

치과위생사라는 직업의 가치가 매주 숫자(성과)로 평가되고, 환자 동의
율은 그 사람의 능력이 있고 없고를 판단하는 기준이 되었다. 이런 방식
에 당연한 것처럼 동의하고 있는 나의 모습이 익숙하다가도 무서웠다. 치
과위생사가 사명처럼 다가온다거나 대단한 가치를 준다기보다 단순한 밥
벌이에 가까웠다.

적지만 매달 안정적으로 주어지는 월급에 익숙해졌고, 병원 생활이 전
부인 것처럼 안주하며 지냈다. 지금 생각해 보면 얼마나 안타까운 현실인
가. 이렇게 인식된 직업관은 우선순위에서 가장 밀려나 있었다. 언제든지
그만둬도 되고, 언제든지 다시 복직해도 되는 그런 직업이 되었다.

그만두고 나니 진짜 치과위생사가 되고 싶어졌다

2년간 치과를 다니다가 급히 퇴사했다. 그 당시 치과위생사로서의 비전이 전혀 없었기 때문에 가능했던 우발적인 일이었다. 퇴사 후 1년 정도 나를 돌아보며 인생에서 어떤 목적을 가지고 살지 고민하며 지냈다.

익숙했던 집을 떠나 강원도 안흥으로 들어가 사람들과도 많은 교류 없이 시간을 보냈다. 하고 싶었던 공부를 하며 강의를 만들고 구조화하는 시간을 가졌다.

미얀마와 터키에서 한 달씩 체류하며 약 10번의 강의를 할 기회가 있었다. 규모는 2명에서 50명까지 다양했다. 대상은 대부분 교육의 기회가 부족하고 소외된 사람들이었다. 통역을 거쳐 전달된 강의였지만, 강의를 마치고 사람들의 이야기를 들으면 그들의 내면이 회복되었음을 느꼈다. 그것을 보는 나도 행복했다.

그 시간은 '내가 어떻게 살아야 가치 있는 삶을 살 수 있을까?' 하는 삶의 목적과 방향(미션과 비전)의 답을 만들어가는 과정이었다. 나는 누군가에게 내가 가진 것을 나눠 주며 그들의 마음이 회복되는 것을 가치 있게 생각하고 좋아한다는 걸 알게 되었다.

1년을 보내니 내 삶에도 어렴풋하게 미션이 보였다.

'이웃에게 도움이 되는 사람'.

푸하하. 물론 어느 미션이나 추상적인 건 마찬가지지만, 이건 너무 추상적+포괄적이지 않은가. "에계계⋯."라는 말이 나올 법하지만, 지금 내 인생을 이끌어가는 원동력을 얻는 시간이었다. 비전을 찾는다는 명목으로 멀리서 보면 백수 비슷하게 1년을 보내고 나니 텅장이 되었다.

다시 돌아와 돈이 필요해서 가장 익숙했던 치과 일을 하기 시작했다. 진료시간은 짧고, 점심시간은 길고, 환자는 많지 않고, 감정노동이라고는 찾아볼 수 없고, 업무 강도에 비해 월급은 많이 주는 곳으로 우연히 들어가게 되었다. 사람이 참 희한하다. 일하기 편하고 좋은 환경이라고 생각한 곳에서 의문이 일어나기 시작했다.

☑ 나는 언제까지 치과위생사로 살 수 있을까?

☑ 꿀 같은 병원에서 나가면 엄청 바쁘고 전쟁터 같을 텐데 그냥 안주할까.

☑ 나는 반복적인 일만 하는 기계 같은 사람이 되어, 변화에 뒤처지는 건 아닐까?

☑ 지난 1년 동안 받은 미션을 어떻게 치과위생사와 연결할 수 있을까?

☑ 내가 좋아하는 치과위생사의 일을 어떻게 더 가치 있게 만들 수 있을까?

병원 내 스텝 생활이 전부라고 생각했던 내게 새로운 질문이 생겼다.

치과위생사를 그만두고 다시 돌아온 이 시간, 진짜 치과위생사가 되고 싶어졌다. 단순히 돈벌이를 넘어 가치를 만들어내는 사람이 되고 싶었다. 여러 가지 생각 속에서, 때마침 딱 적격으로 이런 나를 일으켜준 조력자가 있었다. 무려 두 가지의 루트로!

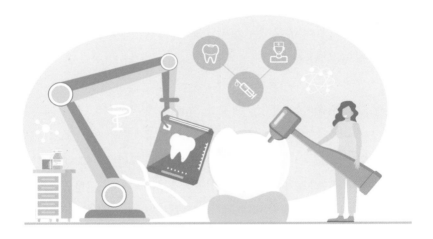

"응, 어서 와. 너 아니면 여기 누가 오니"

감사하게 주어진 두 가지 루트로 가치를 만들어 갈 수 있었다. 하나는 현재 병원에서 같이 근무하는 실장님을 통해서이고, 다른 하나는 청년자기다움학교(MCA)다.

먼저 같이 일하시는 실장님은 같은 학교 선배님이기도 하고, 내가 1학년 때 인상이 강하게 남았던 조교 선생님이셨다. 학생 때는 조교 선생님을 상사로 만나면 어려울 것 같다고 생각했다. 그러나 사회에서 만나니 든든한 선배님, 더욱이 꼭 필요한 귀인이 되어 주셨다. 실장님께서 나의 루트가 된 이유는 치과위생사로서 임상에서 일하고 계실 뿐만 아니라 상담 및 경영관리까지 하고 계셔서이다. 그리고 치과 계열회사의 연구 이사로도 일하고 계셨다.

주 6일을 꼬박 바쁘게 살면서도 자연스레 나올 수 있는 불평 한마디도 없었다. 치과위생사로서의 자부심뿐만 아니라 비전도 가진 모습에 뭔가 다름을 느꼈다. 나도 저렇게 되고 싶은 마음이 컸다.

"실장님은 언제부터 그렇게 멋지셨쥬?"

부담스럽게 자주 묻기 시작했다. 실장님이 가진 이력도 대단했지만, 비전에서 오는 자부심이 부러웠다. 어떻게 하면 그렇게 될 수 있을까 하다가 일단 움직이기 시작했다. 핸드폰을 내려놓고 무작정 교과서를 가져와 공부하기도 하고, 실장님의 일을 보면서 내가 할 수 있는 일이 있는지 자주 물었다. 일의 크기에 상관없이 오케이 사인만 드렸다.

나는 진료 스텝으로 지내면서 그 외의 일들을 시작하였다. 정말 작게는 차트 정리, 재고 정리, 손댈 엄두가 안 났던 사진 자료 정리 등등 타인이 보기에는 대단하지 않은 일이 많았다. 주변에서 '다 하려고 하지 말아라, 할 수 있어도 못하는 척해야 사회생활이 편하다, 천천히 해라'라는 이야기를 많이 들었다.

자신의 에너지를 비축해 개인적으로 사용하는 것이 사회에서는 합리적으로 들리는 것이 사실이다. 그렇지만 이러한 작은 시작이 뭔가를 해볼 기회로 이어지기를 바라면서 일을 찾아서 했다. 그 모든 시간이 치과위생사로서 가치를 찾고 만들어가는 과정일 거라고 막연하게 믿었다.

그렇게 하다 보니 지금은 그 일의 연장선으로 치과 계열 회사의 유튜브에 강의 영상을 올리는 프리랜서로 일하는 기회를 얻을 수 있게 되었다. 보수의 많고 적음을 떠나 가치를 만들어 낼 수 있는 사람이 되어가는 것 자체가 감사하게 느껴졌다.

나의 사례와 같이 지금 가까이 있는 사람 중 롤모델이 될 선생님들을 잘 살펴보면 좋을 것 같다. 분명 배울 부분이 참 많을 것이다. 혹시 가까이에서 찾기 어렵다면 인스타, 블로그 혹은 커뮤니티를 이용해보는 것은 어떨까. 비전을 가지고 치과위생사로서의 직업의 가치를 만들어 가시는 분들은 많다.

선생님들의 발자취와 생각들을 따라서 액션을 시도해볼 수 있고, 태도도 배울 수 있다. 적극적으로 찾아간다면 발전할 기회는 많이 존재한다! 이 역시도 어렵다면 언제든 연락 주시라(010-7460-6151). 있는 것 없는 것 끌어모아 같이 나누고 싶다.

두 번째 루트는 청년자기다움학교(MCA)이다. 총 12주로 진행되는 강의프로그램이다. 자신이 무엇을 좋아하고 잘하는지, 또 의미 있다고 생각하는지, 더 나아가 이것으로 어떻게 수익을 창출할 수 있는지를 찾아가는 시간이다.

개인뿐 아니라 사회에 미칠 선한 영향력에 대해서도 생각해 보게 되는 수업이다. 나의 고민과 맞닿는 지점이 있어 지원하고 수업을 듣게 되었다. 수업은 크게 다섯 단계로 진행됐는데, 나를 돌아보는 시간, 사회를 공부하는 시간, 내가 할 수 있는 비즈니스모델을 생각하는 시간, 비즈니스의 실현을 위한 실력을 쌓아가는 시간, 영향력을 나타내는 시간 등이었다. 이러한 과정을 3번 정도 진행했다.

이곳에서 지금의 미션과 비전, 그리고 코어 밸류(core value)를 구체적으로 기록하는 시간이 되었다. 돈을 벌기 위한 직장인으로서의 치과위생사를 멈추었다. 그리고 존재 자체가 가치가 되는 직업인으로서의 치과위생사로 탈바꿈했다. 치과위생사라는 직업이 이제는 후순위가 아닌, 다른 매력적인 일들과 바꿀 수 없는 일이 되었다.

미션과 비전이 세워지니 행동하게 되었다. 여러 사람을 만나기 어려워하는 극 I(MBTI 성격유형 검사에서 내향형)인 내가 다른 치과위생사분들을 만나기 시작했고, 주어진 기회들을 찾아보기 시작했다. 지인으로 가득하던 인스타는 앞에서 언급했던 것처럼 영향력이 있는 치과위생사분들과 팔로우를 했다. 혼자서 어디서부터 시작할지 난감할 때, 먼저 행동한 사람들의 글과 생각을 통해 좋은 인풋(input)을 얻게 되었다. 생각보다 치과위생사로서의 가치를 만들어가고, 자신을 브랜딩하시는 분들이 많아서 만나고 볼 때마다 마음이 웅장해졌다.

청년자기다움학교 프로그램이 좋은 루트가 되었던 다른 이유는 여러 분야, 여러 직업을 가지고 있는 사람들이 있었기에 인사이트(Insight)를 얻었기 때문이다. 곳곳에서 개인적 가치를 세워가고, 사회를 좀 더 나은 방향으로 만들기 위해 살아가는 사람들과 함께 하는 자체가 도전이고 유익한 시간이었다.

물론 지금 찾아보고 만난다고 해서 당장 뚜렷한 아웃풋이 존재하는 것도 아니다. 직장을 그만둘 만큼의 대단한 수익이 생기지도 않는다. 그러나 가치를 따라가다 보면 불현듯 아웃풋(output)이 도출되지 않을까 하고 생각이 든다. 오늘 글을 쓰는 이 시간도 그런 의미로 쌓여가는 거 같다.

이렇듯 "응, 어서 와~ 너 아니면 여기 누가 오니" 하는 기회들이 세상에는 너무 많다. 궁금해하기만 한다면 성장인자들이 곳곳에 숨겨져 있다. 우연을 가장해 찾아온 필연의 기회들을 발견할 때마다 정말 감사할 따름이다. 찾기 위해서 시간과 에너지, 비용이 필요한 건 사실이지만, 이 세상에 단 하나밖에 없는 나만의 가치를 만나게 될 것이다.

'음, 그래서 제가 하는 일은요…?'

(규모와 상관없이) 많은 치과 내에서 1~2년차 선생님들이 제대로 된 교육 없이, 바로 진료에 투입되어 몸으로 경험하는 것도 물론 하나의 방법이라고 생각한다. 하지만 그 과정에서 많은 선생님이 스트레스와 상처를 받아 직업적인 자존감이 떨어지고 회의감을 많이 느끼는 것 같았다. 교육을 통해 이런 스트레스를 줄이면 조금은 직장생활이 행복해지지 않을까? 하는 마음이 들었다.

그리고 결혼과 육아로 인해 경력이 단절되었지만, 그분들도 진료실과 데스크에서 휘날렸던 멋진 이력을 분명히 가지고 계실 것이다. 그들의 화려한 경력이 묻히는 것에 대한 아쉬움이 있었다. 커뮤니티 내에서 다시 일하고 싶지만 빠르게 변화하는 치과 내의 시스템과 치과 동향에 두려움을 가지고 있다는 내용을 종종 보았다. 이런 정보격차와 치과 취업의 문턱을 낮춰준다면 고용되는 치과위생사도, 고용하는 치과에도 유익하지 않을까 하는 생각이 들었다.

좋은 교육과 세미나, 커뮤니티를 통해 불필요한 스트레스를 줄이고, 절약한 에너지를 가지고 플러스가 되는 가치를 만들어가면 사회에도 좋은 영향력이 되지 않을까? 두 집단이 가진 문제만 해결하면 치과 내의 인력 난 문제도 해결해볼 수 있겠다는 생각을 하게 된다.

이 두 부류의 치과위생사분들에게 좋은 교육을 제공하기 위해 지금 내가 해야 하는 일은 무엇일까? 치과 내에서 돌아가는 진료내용, 스타일, 전반적인 프로세스 등을 알아야 한다는 결론이 내려졌다. 그러나 지금 있는 병원은 하나의 특화된 진료(임플란트)를 보기 때문에 그 영역에서는 잘 배울 수 있지만, 전반적인 영역을 보기엔 아쉬운 점이 있다.

'음, 그래서 제가 지금 하고 있는 일은 치과 N잡러예요.'

아쉬움을 보완하기 위해 프로 N잡러가 되기로 했다. 본 직장을 유지하며 다른 치과에서 파트타임으로 일하기 시작했고, 2년 동안 여러 명의 치과의사와 치과위생사를 만날 수 있었다. 진료실의 내용과 데스크에서 일어나는 일들을 어깨너머로 배우는 중이다. 늘 보고 경험해도 부족한 느낌이 들어 퇴근 후에 임상 관련 공부를 하고 있다.

다른 한편으로는 교육과 세미나라는 특성상 강사의 이력이 중요하기 때문에 현직 강사분들을 만났을 때 대학원 진학 권유를 받았다. 최소 실장이라도 되어야 한다며 이야기를 해주셨다.

요즘 시대에 석사는 보통 다 가지고 있으니 기본이라고 할 수도 있겠다. 어떤 마음에서 해주셨는지 충분히 알았지만, 내가 어떤 모습으로 있을 때 돕기에 가장 좋을지 지금도 고민 중인 영역이기도 하다. 우선은 첫 단계로 저년차 분들을 위한 온라인 줌 강의를 기획 중이다.

그리고 앞서 말했듯이 영상프리랜서 일도 하고 있는데, 치과의사를 위한 임플란트 수술 강의를 매주 편집해서 업로드를 하고 있다. 영상을 제작하면서 치과의사가 보는 관점으로 임플란트 술식을 경험하게 된다. 또한 협조자로서 진료를 진행할 때 어떤 도움이 될 수 있을지도 생각해보게 되어 단순편집, 그 이상의 유익이 되고 있다.

현재 콘텐츠를 공급해주시는 분이 명확히 있어, 콘텐츠를 받아 편집만 해서 올리는 것에 나름의 고민도 생기는 것 같다.

누군가의 콘텐츠를 다듬어서 제공하는 것도 물론 좋지만, 새롭게 빌드업 과정이 필요하다는 것을 절실히 느낀다. 내가 생각한 고객인 치과관계자, 환자, 일반인 등에 대해 정의하고, 그들의 니즈(needs)에 정확히 맞게 소비되는 영상을 제공하고 싶은 마음이다. 다달이 주어지는 수입에 안정하기보다 변화를 주면서 가치를 만들어 내고 싶다.

또 다른 일을 언급하자면…! 치과위생 분야와 관련은 없지만, 개인적으로 필요성을 느껴 외부 프로젝트도 진행하고 있다. 한 분야에서 전문가로서의 성장도 중요하지만, 다양한 시각에서 새로운 도전을 해보는 것도 가치 있는 일이라고 생각한다. 배지태리(Insta: vegetari_eco)라는 팀에서 환경 인식 개선을 위해 도전하는 중이다. 여러 가지를 하면 피곤하지 않냐는 이야기를 듣곤 하는데, 오히려 프로젝트를 함께 하면서 시너지가 나고 있다.

이렇게 하고 있는 N잡을 통해 내가 받은 미션인 '주인에게는 시원한 한 잔의 물과 같은 사람, 함께하는 사람들에게는 마음을 흡족하게 하는 샘물과 같은 사람이 되는 것'을 이루며 살고 싶은 마음이다. 실력을 쌓기 위한 N잡 도전이, 어느샌가 넘쳐흘러 치과위생사 선생님들께 도움이 되기를 바라본다.

에필로그 : 지금부터는 펜을 찾아 들고 읽어볼까요?

요즘 넷플릭스를 모르는 사람이 없을 것이다. 190여 개 국가에 콘텐츠 서비스를 공급하는 세계 최대 미디어 기업이다. 이런 넷플릭스가 처음 시작했을 때는 어떤 모습이었을까? 1998년 DVD를 대여하는 사업으로 시작했다.

우리 각 개인이 내딛는 첫걸음이 때로는 별 볼 일 없어 보이고, 성장하지 않은 것처럼 보이고, 내가 과연 무슨 일을 할 수 있을까? 하고 생각할 수 있을 것이다. 그러나 계속 꾸준히 하다 보면 능숙해지고, 그 탁월함을 통해 더 넓은 시장을 볼 수 있고, 치과위생사로서의 가치를 넓게 발현할 수 있지 않을까 생각이 든다.

그 결과가 꼭 대단한 성공이 아니더라도, 혹여 실패라도 나는 그 자체로 의미 있다고 생각한다. 실패가 실패가 아니게 될 것이다. 그 과정에서 수많은 것들을 배우고 얻게 되었으니 말이다. 너무 큰 꿈도, 너무 대단한 비전도 없다. 한계를 설정하지 말고 그려보면 좋겠다. 그리고 시도해보면 좋겠다. 최소 1년이라도 존버(존귀하게 버티기) 해보는 건 어떨까. 그렇게 되면 내가 좋아하는 일을 잘하고 싶고, 잘하게 된 일을 통해 가치 있는 일을 만들어 내고 싶은 욕심이 들 것이다.

에필로그 제목을 보면 펜을 이미 들고 있을 것이다. 펜으로 이제 적어
가 보자.

☑ 그대는 크게 어떤 삶을 살고 싶은지.
☑ 잘하고 좋아하고 가치 있다고 느끼는 것은 무엇인지.
☑ 치과위생사의 영역에서는 어떻게 나타낼 수 있는지.
☑ 그렇게 미션과 비전을 설정했다면 그것에서 가치와 수익을 끌어낼 to-
do-list를 작성해보자.

한 해를 시작하는 때에 기록하고, 마무리하는 때에 다시 돌아보면 내가
하고 있는 일이 결코 헛된 일이 아님을, 가치 있는 일임을 발견하게 될 것
이다.

나는 그대들의 행복한 직업 생활을 함께하며 기대하는
페이스메이커(pacemaker)다.

남자 치과위생사가
사는 법

이상용

- (현)양윤돌구강악안면외과치과의원 /
  진료팀장
- 구미대학교 치위생과 졸업
- 삼육보건대학교 평생교육원 보건학사
  치위생학 전공 취득

시작하지 않는다면 가능성도 없다고 생각합니다. 시작하는 순간 작은 발전이 전체적으로 도움이 된다고 생각합니다. 시작하는 사람이 되고 싶은 치과위생사 이상용입니다.

★인스타그램 : tlqdlwlcjs2
★이메일 : tlqdlwlcjs2@naver.com

치위생과에 입학하게 된 날

　내가 치과위생사를 알게 된 것은 열아홉 살 고등학교 3학년 여름 방학 때였다. 당시 주말이면 결혼식 준비 아르바이트를 했었고, 평일에는 비보이 춤 연습을 하면서 지냈다. 그날도 같은 팀의 고3 친구들과 대회 연습을 하면서 대학을 갈지 말지, 가게 된다면 어디를 가야 할지 얘기를 했었다. 꿈을 위해 대학교 진학 대신 바로 진로를 선택한 친구 3명과 막연히 꿈의 방향만 잡고 일단 대학교를 가려는 4명으로 다시 나뉘었고, 그중 나는 후자였다.

　성연이라는 친구는 "난 요리와 관련된 학과를 갈 거야"라고 먼저 말했다. 그에 도훈이는 패션 관련 학과를 갈 것이라고 대답했다. 정민이는 소방과를 그리고 난 보건 관련 과를 갈 것이라고 얘기를 했었다.

　이때가 처음으로 어떤 과를 가야 할지 고민을 시작한 날이었다. 이후 이런저런 얘기를 하던 중 관련 학과는 어떤 것이 있는지 알아보기 위해 비보이 연습이 끝난 후 PC방에 가서 검색을 했다.

연관 학과로 간호과, 물리치료과, 작업치료과, 방사선과, 치위생과, 언어치료과 등을 알게 되었고, 그중 간호과, 언어치료과, 치위생과에 끌렸다.

가방에 있던 종이에 어느 과인지 대강 메모를 해두고 내버려 둔 채 주말을 맞이했다.

주말에 출근해서는 송 과장님에게 언어치료과, 간호과, 치위생과 중에 어디로 가면 좋을지를 여쭤봤다. 돌아온 답은 "대학을 가지 말고 여기 취업하는 게 어때? 3년간 일해 왔고 이제는 관리하는 쪽으로 바로 올라올 수 있게 주임으로 추천해줄게"였다. 난 고민해 보겠다고 했다.

그 후 같이 아르바이트를 하는 친구들과 주방 이모들에게도 대학교에 갈지 여기에 취업해야 할지를 물어보았다. 그들은 한결같이 대학교 진학을 추천해주었다.

그렇게 시간이 흘러 원서를 작성하는 시기가 되었다. 그동안 여러 고민을 했지만 "면접을 가서 잘해 주는 곳으로 가자"고 결론을 내렸고, 대강 10여 개의 원서를 각 대학에 제출했다. 대부분 간호과였고 언어치료과, 치위생과의 비중은 적었다.

간호과에는 예상대로 사람이 많았다. 당시 나는 "직업의 발전 가능성이 닫히고 있고, 이미 정해진 수많은 루트 중 한 곳이라도 한 번에 잘 따라갈 수 있을까?" 하고 고민했다. 그때의 난 내가 무엇을 잘하는지 아직 모르는 상태였다. 그런 상태에서 바로 뛰어들었다간 눈을 감은 상태로 미로를 통과하는 것과 같은 대학 생활을 보내게 될 것이라는 걱정이 들었다.

언어치료과에서는 면접 중 교수님이 이 분야는 나중에 프리랜서로 전향하게 된다고 알려주셨다. 이 부분에서 직업적인 발전 가능성이 작겠다는 생각이 들었고, 내게는 창업이나 다를 바 없어 두려움으로 다가왔다.

마지막으로 치위생과에서는 면접을 도와주신 선배님들이 치위생과는 진료실 외에도 나중에 초등학교나 기업체, 스케일링 센터, 건강 보험, 경영 등으로 진출할 가능성이 다양하고 크다는 것을 알려주셨다. 대학 생활을 하면서 내가 원하는 방향이 생기면 힘들더라도 만들어갈 수 있겠다는 예감과 꼭 왔으면 좋겠다는 선배님의 말씀에 치위생과에 매력을 느꼈다.

면접 후 친구들과 담임 선생님, 그리고 할머님과 얘기를 하면서 치위생과를 가는 게 나에게 더 맞겠다는 생각이 들었다. 그렇게 치위생과를 선택해 입학하게 되었다.

남자가 치과위생사 되는 데 필요한 것들

| 센스 |

졸업 직후 1년차 때에 제일 많이 들은 말이 "남자여서 센스가 부족한 것 같다"였다. 물론, 난 남자와 여자의 재능은 다르다고 생각한다. 그렇지만 1년차에 센스가 부족했던 이유는 어린 티를 못 벗어냈던 게 가장 컸다고 생각한다.

처음 센스가 부족하다고 들은 건 화요일마다 지역 대학으로 임플란트 강의를 나가시는 원장님을 따라 6개월쯤 다녔을 무렵이었다. 그때 다른 교수님들과 대화하는데 원장님이 장난스럽게 "남자여서 그런지 센스가 부족한 것 같다"라고 하신 기억이 난다. 그 이후에도 실수하거나 부족한 점을 보이면 늘 비슷한 소리가 따라서 들려왔던 것 같다.

하지만, 1년 반 정도 지나자 "이 일은 나와는 맞지 않는 것인가?"라는 고민을 했다. 다른 일을 해보자는 생각으로 퇴직을 하고 지역 공장에 취직했다.

단순 생산라인에서 일할 때 들은 한 가지 말이 내가 남자여서 센스가 부족한 게 아니라 어린 티를 벗어내지 못했던 것이라고 일깨워주었다. 어느 날 우리 라인에서 실수가 나온 적이 있었다. 큰일은 아니었지만, 당시 우리 라인에 어린 친구들이 많았고, 조장님은 아버지 나이대의 어른이셨다.

그래서 조장님은 우리 라인 사람들에게 사소한 실수가 큰 사고로 이어질 수 있다는 경각심이 없는 것 같다고 생각하신 듯했다. 그 생각을 고쳐 주시려는지 그날 회식을 제안하셨다.

회식 도중 조장님은 "생산라인에 들어오면 우리는 전문가가 되어야 한다. 단순 작업을 반복하더라도 맡은 부분에서 사소한 일이라도 신경을 쓰지 않게 된다면 사고로 이어지고 그 일로 소중한 사람이 다치게 된다."라고 해주셨다.

치과에서는 신입이고, 막내라는 이유로 잘 챙겨 주셨고, 많이 가르쳐 주셨기 때문에 아직까지 나는 배우는 사람일 뿐이라고 생각했었다. 하지만 회식에서 조장님의 말씀을 듣고 생각이 많이 달라졌다. 나는 면허를 받은 전문가라는 걸 그때까지 인지를 못 했기 때문에 센스가 자랄 수 없었던 것이다. 그래서 어린 티를 못 벗었다고 생각한다.

그 뒤 서울에 올라와서 네트워크형 치과 중 남자 치위생사가 많은 곳에서 일한 적이 있다. 그때 남자 선배님들이 여러 말씀을 해주셨는데 대부분 센스와 관련된 말이었다. "우리는 진료를 보는 동시에 귀를 열고 있어야 한다", "우리는 직원들이 필요로 하는 점을 원장님께 더 잘 전달할 수 있기 때문에 센스 있게 직원들의 니즈를 잘 챙겨야 한다" 등의 많은 말씀을 해주셨다. 그때의 남자 선배님들은 우리가 경영 등의 위치로 발전해 나가려면 꼭 필요한 것이 센스라고 해주셨다.

센스는 남녀를 떠나 모두가 다 필요하지만, 지금까지 얻은 경험으로 미루어 볼 때 남자 치과위생사에게는 꼭 필요한 점이라고 생각된다.

| 묵묵함 |

남자 치과위생사로 지내면서 묵묵함은 필수요소라고 생각한다. 원장님들이 자주 하시는 말씀 중에 "여고에 선생님으로 있는 듯한 느낌을 받는다"라는 표현이 있다.

임상에서 일하다 보면 알게 모르게 파벌이 생길 때가 많다. 이럴 때 중립을 지키고 내가 맡은 일을 묵묵히 진행하는 것이 중요하다. 어느 한쪽 편을 들지 않으며 조용히 듣기만 하면, 잠깐 그 화살이 나에게 돌아온다. 이때에도 묵묵히 내 할 일을 하고 평소대로 보내면 파벌에 휘말리지 않고 중립적인 위치에서 지낼 수 있게 된다.

물론, 쉬운 말처럼 들리지만, 남자 치과위생사가 제일 지키기 어려운 부분이라고 생각한다. 묵묵히 내가 맡은 일을 하며 중립을 지킨다는 건 말 그대로 외로운 일이다. 하지만 직업적으로 필요한 부분이다. 남자 치과위생사가 많은 의원이나 병원이라면 다르겠지만 대부분 그렇지 못하다. 그렇기 때문에 쉽지는 않겠지만 남들에게 휘둘리지 않는 묵묵하고 단단한 감정을 가져야 한다고 생각한다.

| 성실함 |

마지막으로 남자 치과위생사에게 필요한 점은 성실함이다.

성실함 역시 누구에게나 요구되지만, 인원이 적은 남자 치과위생사에게는 필수 항목이라고 생각한다. 지금 임상에 있으신 그리고 임상 외에 계신 남자 치과위생사 선배님들이 먼저 솔선수범해서 치과계에서 '남자 치과위생사는 성실하다'라는 기본적인 이미지를 만들어 주었으면 좋았겠지만, 아쉽게도 그렇지는 못하다고 생각한다. 그렇지만 아직 늦지 않았다는 긍정적인 생각도 있으며 많은 남자 선배님들이 노력하고 계시다. 그렇기에 앞으로 남자로서 치과위생사가 되기 위해 필요한 마지막 항목으로 성실함을 강조하고 싶다.

성실함은 쉬우면서도 꾸준히 하기는 매우 어렵기 때문에 선배님들도, 후배님들도, 앞으로 치과위생사가 될 미래의 후배님들 모두가 갖춰야 할 덕목이다. 성실이 기본으로 깔려있다는 것은 남들에게 인정받고 발전하기 위한 발판을 만드는 것과 마찬가지다.

남자 치과위생사의 장점과 단점 그리고 매력

| 장점 |

◆ 높은 발전성

서울 교대에 있는 개인치과의원을 다닐 때 경영지원팀 이 부장님이 해 주셨던 말이 있다. 이 부장님은 치과에서 직원 채용과 마케팅 업무를 보셨었는데, 남자 치과위생사는 들어만 보고 같이 일한 적은 처음이라고 하시면서 좋은 얘기를 많이 나누었다.

그중 한 가지는 남자 치과위생사는 결혼과 출산 후에도 꾸준히 일할 것이라는 믿음이 있다는 점이다. 그래서인지 진료보다는 기자재 관리, 마케팅 관련 업무 등을 맡기시는 경우가 종종 있다. 그리고 체력 면에서 여자 치과위생사 선생님들보다 더 나을 것이라고 생각하고 일을 시키기 때문에, 진료 외에 정말 많은 일을 해볼 수 있었다.

어느 날 건물에 수도가 얼어서 이 부장님 그리고 건물 소장님과 어떻게 해야 할지 의논하고 얼었을 것이라고 추정되는 곳을 찾아냈던 일이 있다. 이때 처음으로 치과 외의 사람과 미팅을 하면서 의견을 교환하는 모습이 나에겐 신선했고, 즐거웠다.

미팅 전까지는 잡일이라고만 생각했는데, 미팅 이후에는 나중에 진료실에서 벗어나 경영관리를 하게 될 때 아주 많은 도움이 될 것이라고 느꼈다. 이후에는 기자재 관리를 할 때면 궁금한 것은 담당 회사 직원과 통화를 하고, 체어 수리를 온 기사님에게 체어가 어떤 식으로 움직이는지, 간단한 아날로그식 체어의 고장은 대부분 수리가 가능할 때까지 질문을 던졌다. 그 외에도 미팅이 생긴다면 이 부장님이 챙겨서 데려가 주셨고, 덕분에 치과 경영이 어떻게 돌아가는지 배울 수 있었다.

결혼과 출산 이후 꾸준히 일할 거라는 것과 체력이 좋다는 점은 선입견일 수 있지만, 남자 치과위생사들이 일하는 곳에서 그 점을 사실로 만들어가기 위해 노력한다면 치과 운영 체계 등 다양한 분야에서 활약할 수 있게 되리라고 생각한다.

이 외에도, 치과 기자재 또는 임플란트 회사들의 영업직, 교정과 임플란트 그리고 외과수술의 교육직, 재료와 교육자료 연구직 등의 분야로 많은 선배님이 길을 개척해 두었고, 앞으로는 회사 내에서 예방 관련, 보험 관련 부분 등으로 넓혀갈 것이다.

마지막으로 장애인과 치매 환자 관련 분야로 발전성이 높다. 현재 전문적인 장애인, 치매 치과 관련 인력은 거의 없고, 고령화 사회가 계속해서 유지 또는 초고령화 사회로의 진입 중인 지금은 발전할 수밖에 없는 분야이다. 위 환자들을 케어하기 위해선 체력적인 부분이 필요하기 때문에 남자 치과위생사에게는 블루오션이 될 수 있다.

◆ 높은 취업률

뻔한 이야기이지만, 치과는 과거에서부터 현재까지 계속해서 인력 부족에 시달리고 있다. 매년 배출되는 치과위생사의 수는 늘어나고 있지만,

새로 개업하는 치과의 수도 같이 증가하고 있다. 결혼과 출산 등의 이유로 구인난이 심한 직업군에 속한다.

그렇다고 남자 치과위생사가 무작정 취업이 쉬운 것은 아니다. 지금은 많이 나아졌다고 하지만, 아직까지도 이력서를 넣었을 때 7곳 중 1곳에서 연락이 오는 정도이다. 대부분 이력서를 받는 실장이나 팀장 선에서 막히는 경우가 많다. 여자 선생님들과의 트러블을 걱정해서, 또는 남자 탈의실 등 편의시설이 부족해서가 그 이유이다. 아니면 사내 연애 등의 문제를 사전에 차단하기 위해서이다. 이 부분을 통과하고 면접 제의를 받아서 가면 그중 반절은 궁금해서 또는 신기해서 연락한 것이었다. 면접 보러 갔을 때 들었던 내용 중 가장 황당한 건 "남자 치과위생사를 한번 보고 싶어서 연락했어요"라는 말이었다. 처음에는 뽑을 생각도 없었다는 것에 당황했지만, 이후에 몇 번 반복되다 보니 무덤덤해졌다. 하지만 이건 이력서를 제출할 곳이 적다면 문제가 되는 것이다. 실질적으로 치과는 너무나 많고 동기들보다 수고스러움이 많을 뿐이지 오히려 면접 제의가 들어온 나머지 절반에서는 남자 치과위생사가 거의 확정적으로 취업이 된다고 보면 된다. 그러므로 당당히 장점이라고 생각한다.

걱정해야 할 것은 취직 후 앞서 말했던 센스와 묵묵함 그리고 성실함을 잘해 나아갈 일이다.

◆ 회사 선택의 다양성

앞서 언급한 회사에 관한 내용을 조금 더 확대했다.

임플란트나 재료 회사에 취직하기가 더 수월하다. 남자 선배님들 중 몇몇 분들이 오스템, 디오, 신흥, 메가젠 등의 회사에 영업직으로 취직을 하면서 길을 터놓았고, 시간이 지나면서 교육직이나 연구직 등으로도 길을 조금씩 넓혀가고 있다.

물론 진료실에서 받던 급여보다 적게 시작하지만, 복지 부분에서 개인

의원보다는 좋은 경우가 대부분이며 안정적인 회사 생활을 원한다면 충분히 장점이라고 할 수 있다.

| 단점 |

◆ 불균형한 남녀비율

대학교에서부터 남자와 여자는 다르다는 것을 확실히 알고 이해하지 않는다면 치과위생사라는 직업 자체가 단점으로 다가올 것이다.

대학교 2학년이 되니 남자 후배들이 들어왔다. 초반에는 남자 4명이 같이 자주 돌아다녔지만, 학년이 달라서 못 보는 시간이 많아졌다. 어느 날 남자 후배 중 1명이 휴학을 한다고 알려왔다. 시간이 맞지 않아 당시에는 긴 얘기를 나눌 수 없었지만, 이후 방학 때 만나서 얘기를 해보니 여자 동기들과 생각과 가치관이 달라서 더 다니기 어려웠다고 했다.

내가 "조금 더 이해하고 적응을 해나간다면 괜찮지 않을까?"라고 조언했지만, 후배는 자기에게는 너무 어렵다고 말했다.

1년차 때, 남자 치과위생사 선배님에게 "형은 일할 때 어떻게 하세요?"라고 질문을 했었다. 이때 선배님은 "잘 지내려고 노력하지 않고 일만 해"라고 답해주셨다. 자신도 아직 적응 기간이라고, 너도 대학교 처음 입학했을 때랑 비슷할 거라고 얘기해주셨다.

성비가 불균형한 것을 일반적인 단점으로 보기 힘들지만, 남자 치과위생사가 적다는 느낌과 여자 치과위생사님들과의 생각 차이 때문에 힘들어하는 분들이 있어 단점으로 적었다.

그렇지만, 단점이라도 꾸준히 일을 해나가면서 남녀가 서로 다르다는 것을 알고 이해한다면, 충분히 장점으로 변할 수도 있을 것이다.

◆ 성별 차이에 따른 난감함

지금도 임상에서 일하면서 난감한 경우는 환자가 덮고 있는 소공포 위쪽에 올려져 있는 기구를 치우거나 조작할 때이다. 남자 환자라면 괜찮지만, 여성 환자의 경우 조심스러워진다. 기구를 가져가기 전 환자의 동의를 구하고 진행하더라도 걱정이 앞설 때가 있다. 그리고 일부 환자들 그리고 거래처 직원들이 원장님으로 오해하시는 경우가 많다. 나는 바로 정정하는 편이지만 간혹 그러지 못했을 때 진료실에서 나가면서 '감사합니다, 원장님' 하시는 소리를 들으면 당황스럽다.

지인 중 일부가 주변에 여자가 많으니 소개를 부탁하거나, 반대로 직원들이 친구들을 소개해달라고 할 때가 제일 난감했다.

여러 가지 일들이 있지만, 그 일들로 인해 더욱 멘탈이 강화되는 좋은 점이 있다고 생각한다.

| 매력 |

1년차 때에 할머니의 틀니를 기공소부터 드나들며 해드린 경험이 좋았던 기억이 있다.

그 당시 퇴근 후에 병원 담당 기공소를 찾아가서 기공소장님께 "할머니 틀니를 병원에서 의뢰 드린 게 있는데 배우면서 보고 싶어서 왔어요"라고 말하고 배웠다. 틀니를 제작하는 과정을 옆에서 지켜보는데, 기공소장님이 원장님께 얘기 들었다며, 틀니는 어르신들을 살피는 데 체력적인 면이 필요하니 알려주는 것이라고 하시면서 가르쳐 주셨다.

이때 배우면서 할머니의 틀니를 완성한 것도 뿌듯했지만, 힘을 써야 하는 일보다 쉽게 배울 수 있어 아직 잘할 수 있는 게 무엇인지 몰랐던 1년차인 내겐 좋았고, 매력적이며 발전적인 일이었다.

치과위생사가 되고 싶은
남자분들에게

　아직도 임상에서는 남자 치위생사를 보기는 힘들다. 1년차 때에 본 남자 치과위생사는 고작 둘이었고, 서울로 올라온 지금도 새 직원이 올 때면 남자 치과위생사를 처음 봤다는 말을 많이 듣는다. 그만큼 남자 치과위생사가 적게 배출되고 임상에 많이 있지 않다.

　하지만 반대로 생각한다면, 적은 인원으로도 임상과 임상 외적인 길에서 넓게 활동하고 있다고 볼 수 있다. 그러므로 치과위생사가 되길 원하시는 남자분들에게 다양한 방향으로 조언과 도움을 줄 수 있다고 생각한다.

　소수정예인 만큼 단단하게 힘을 모아 후배들을 위해 더 좋은 환경을 만들어가는 것이 선배로서 할 일 중 하나일 것이다.

　서로 피드백을 잘 해줄 선배와 후배 치과위생사가 되길 바란다.

일하고 공부하고
일석이조

유아람

• 부산-굿윌치과병원(보철과, 예방)
• 현) 부산-메리놀병원-치과 소속
• 마산대학교 치위생과 졸업
• 경남정보대학교-전공심화과정, 치위생
  학과 졸업
• 인제대학교 보건대학원 보건관리학과 재
  학중

한자리에 머물러 있지 않고 계속해서 발전
해 나가고 싶은 미래가 기대되는 치과위생
사이다.

★인스타그램 : dh__rami
★이메일 : yar5@naver.com
★블로그 : https://m.blog.naver.
  com/yar5

꿈이 없던 나에게 꿈처럼 다가온 치과위생사

'무조건적으로 꿈을 향해 달려가지 않아도 된다. 당신의 속도를 남과 비교하지 말고 나에게 맞는 인생을 살자. 때로는 목표가 없을 때 인생이 더 빛날 수도 있다.'

- 책 〈감정 기복이 심한 편입니다만〉

고등학교 시절을 떠올리게 하는 좋아하는 책의 한 구절이다.

좋아하는 과목은 있지만 진짜 하고 싶고, 되고 싶은 꿈이 없는 평범한 고등학생이었다. 진로를 결정해야 하는 고등학교 3학년, 친구들은 1학년 때부터 정해온 진로를 향해 가는 느낌인데 나만 멍하니 있는 느낌이 들어 조급해졌다.

그러던 중 친구가 치위생과에 같이 지원하자고 제안했다. 치위생과를 처음 들어봐 아무것도 몰랐지만, 친구가 준 대학교 입학 책자와 인터넷 검색으로 치위생과의 메리트에 대해 알게 되었다. 신기하게도 때마침 치과 진료를 받고 있었던 터라 치과위생사 선생님께 여쭤보고 현실적인 조언과 이야기를 들어 더 관심을 가지게 되었다.

원서를 넣기 직전 좋아하는 영어를 배울 수 있는 영어영문과와 치위생과를 두고 고민을 시작했다. 자율시간 중 책자를 놓고 고민하는 내게 윤리 선생님께서 "진로 때문에 고민 중이야?"라고 물어보셨다.

"네, 치위생과랑 영어영문과 중 어디를 선택해야 할지 모르겠어요."

"내 생각엔 영어를 좋아한다면 영어영문과로 진학하지 않고도 언제든지 배울 수 있어. 반면 치위생과는 전문직이라 안정적이고 너의 성격이랑도 잘 맞을 것 같아."

선생님의 조언을 듣고 홀린 듯이 치위생과에 원서를 넣고 합격했다.

주변의 권유로 치위생과에 진학한 터라 무엇을 배우는지에 대해 아무런 지식 없이 덜컥 입학한 나는 첫 수업을 듣고 충격을 받았다. 문과를 졸업한 나로서는 도저히 따라갈 수 없었다. '처음엔 다 어렵겠지.'라는 생각에 1학기만 버텨보고 종강 후에도 아니라는 생각이 들면 그때 그만둬도 늦지 않다 생각했다. 그렇게 1학기가 지나고 생각보다 적성과 흥미에 잘 맞았다. 즐겁게 공부를 해도 힘들었던 3학년 국시생 시절을 극복한 뒤 국가고시에 합격했다.

그렇게 학창시절 꿈이 없던 나에게 치과위생사를 제대로 한번 해보겠다는 꿈이 생겼다.

본격적인 치과위생사 시작!

경상도에 거주한 사람이라면 '하고재비'라는 말을 한 번쯤은 들어봤을 것이다. 하고재비란 어떤 일을 하고자 마음을 먹고 끝내 이뤄내는 사람을 일컫는 경상도 사투리로, 내 별명이다.

치위생과에 입학하기로 마음먹고 '제대로 한번 해봐야지!'라고 생각은 했지만, 주변의 추천으로 왔기 때문에 잘 알지는 못했다. 그래서 첫 1학기 때는 말 그대로 멘붕이 왔다. 다행히 2학기가 되니 치위생과가 어떤 것을 배우는지 틀이 잡혔고, 학교도 잘 다니며 국가고시도 합격해 무사히 졸업했다.

졸업 후 단순히 업무적인 것만 잘하면 된다는 생각에 치과 진료 협조 업무를 잘 수행해내는 치과위생사가 되리라 다짐하며 자기소개서를 작성하고 면접에 합격했다. 설렘 반 두려움 반으로 1년차 치과위생사로 입사하였고, 두 달의 수습 기간을 보냈다.

수습 기간에는 일반보철과, 구강외과, 교정과, 예방과를 로테이션을 하면서 한 과씩 배우게 되는데 그중에서도 눈을 반짝거리며 배웠던 과가 바로 '예방과'였다.

진료보조가 우리의 주된 업무라 생각했던 편견을 깨트린 예방과 선생님들이 너무나도 멋져 보였다. 구강 보건 교육과 예방 치과 처치에 힘쓰며 우리가 주도적으로 환자분들의 진료를 담당하는 이것이 진짜 치과위생사의 길이라는 생각을 가지게 되었다.

그러다 정말 운이 좋게 선배님께서 "어느 과를 가고 싶니?"라고 질문을 하셔서 주저 없이 바로 "예방과요!"라고 대답하며 1년차 예방둥이가 되었다.

본격적으로 가까이에서 본 예방은 정말 신세계였다. 1시간 동안 맨투맨으로 예방관리가 진행되기 때문에 자연스러운 의사소통능력과 치료에 국한되어 있는 것이 아니라서 전체를 볼 수 있는 시야를 가지게 되었다.

그 당시 예방과는 신설 과라 대표원장님의 든든한 지원이 있어 선생님들과 함께 세미나를 같이 다니며 많은 것을 보고 배우는 경험을 쌓을 수 있었다. 치과위생사 선생님들이 강의하는 모습을 보면서 우리에게도 다양한 기회가 있다는 것에 신선한 충격을 받았다. 그때부터 나도 저분처럼 강의하는 치과위생사가 되고 싶다는 막연한 꿈을 가지게 되었다.

조현재 교수님(국내 첫 예방치과 전문의, 현 서울대학교 치의학대학원 부교수)께서 예방과에 상주해 계시면서 많은 것을 전파해주셨다. 우리 모두 공부를 더 해야겠다는 생각을 가지게 되면서 선생님들 모두 학사학위를 취득하셨다. 그러니 나도 자연스럽게 2년차가 되는 해에 학사학위를 꼭 취득해야 한다고 생각했던 것 같다.

아무래도 일반진료의 대략적인 술식은 알지만 직접 경험해보지 못한 아쉬움이 남아 있었는데 예정에 없던 로테이션 기회가 갑자기 생겼다. 나는 이번에도 고민 없이 일반진료과를 신청하여 로테이션이 되었다.

1년차 말 11월에 로테이션이 되었기에, 내년에 입사하는 1년차 선생님들에게 나의 미숙함을 들키고 싶지 않아 11월부터 1월까지 약 3개월 동안 밤늦게까지 남아서 임시 치아, 트리오스 스캔, 그 외 원장님별로 준비하는 기구와 술식들을 공부했다. 보험 청구도 자신이 본 진료는 본인이 청구하며 부족한 부분은 피드백 받기 때문에 같이 공부했다.

　그리고 3월이 되어 학사학위를 위해 학교에 갔다. 일하면서 공부하는 것은 생각만큼 쉬운 일은 아니었다. 내가 칼퇴를 해야지만 지각하지 않는 시간표였는데, 오버타임이 많았고, 눈치를 볼 수밖에 없는 2년차 병아리 시절이었다. 병원 내에서도 배울 것이 많았고, 학교에서도 계속 배움의 연속이라 너무 힘들었다. 혼자 운 적도 있었고, 버스만 타면 졸아서 이상한 곳에서 내릴 때도 있었다. 하지만 같이 학교를 다니는 동기 언니가 있어 의지가 많이 됐고, 같이 수업 들으며 친했던 선생님들과 모임을 가지고 이야기를 많이 해 아직도 연락을 주고받을 정도로 사이가 돈독해졌다.

　처음 학사학위 신청할 때 예방과 선생님들 말곤 다들 '임상에서만 잘하면 되지, 굳이 왜 가?'라고 많이 물어보셔서 '내가 너무 욕심부렸나?'라는 생각이 많이 들었다. 하지만 지금은 내가 1년차 때 다른 선생님들의 강의를 보고 '나도 한번 강의를 해보고 싶다'는 꿈에 한 발자국 다가갈 수 있는 밑거름이 된 것 같아 잘했다고 생각한다.

　그러다 문득 재미있고 좋아서 시작하긴 했지만 나를 너무 혹사하고 있다는 생각이 들었고, 그때마다 '괜찮아, 다들 바쁘고 힘들게 지내. 나만 힘든 거 아니야'라고 생각하며 견뎠다. 그런데 내가 믿고 따르던 직속 선배님이 그만두면서 병원 내 롤모델에 더해 의욕마저 사라져 그만두고 쉼을 선택했다.

그때 다니던 치과는 규모가 커서 앞만 보고 달릴 수 있는 원천이 되기도 했지만 그만큼 쉼이 많이 부족했던 것도 사실이었다.

쉼을 위해 무엇을 할지 고민하던 중, 대학교 2학년 말에 개인 치과에서 실습했던 기억이 떠올랐다. 그 치과에는 환자로 오는 외국인 노동자들이 많아 영어통역사 코디네이터 선생님이 계셨다.

의사소통이 힘든 외국인분들이 통역사 없이도 치과에 내원해서 편하게 치과 진료를 받고 가는 모습을 보고 치과위생사가 영어를 어느 정도 할 줄 안다면 엄청난 매력이 될 것 같았다. 실제로 학사학위를 받은 선생님 중에 외국인 전담 치과위생사 선생님이 계신 걸 보고 너무 매력적이라 느껴 그 정도는 아니더라도 약간의 의사소통이라도 하고 싶다는 생각이 들었다. 그래서 개인 치과로 이직해 여유로운 시간 동안 영어공부를 하며 캐나다 워킹홀리데이를 준비했다.

주변의 걱정 어린 시선과 엄마의 반대가 있었지만, 나의 이유를 잘 설명하니 응원해주셨다. 그렇게 나는 캐나다로 떠났다.

캐나다에서의 10개월은 나에게 해우소 같은 시간이었다.

배우고 싶었던 영어를 원어민에게 배울 수 있는 좋은 시간이었고, 다양한 외국인 친구들을 만나며 치위생학과를 졸업하여 바로 치과에서 일했기 때문에 한 분야로만 시야가 좁혀져 있다는 생각이 들어 아쉬웠던 점을 해소할 수 있었다. 그러면서 자연스럽게 여유가 생기며 '진짜 내가 원하는 것이 무엇인지', '나는 어떤 것을 좋아하는 사람인지'에 대해 생각하는 시간이 되었고 너무 행복했다.

캐나다에서 한국으로 돌아오기 전 한국에 가서 하고 싶은 계획을 세웠다. 200% 에너지 충전이 완료됐기 때문에 못 할 일이 없었다.

먼저, 치과병원에 입사하기.

두 번째, 치과 관련 자격증 취득하기.

세 번째, 대학원 준비하기.

코로나가 딱 심해질 시기에 한국에 와서 힘들게 면접을 보고 종합병원에 입사했다.

'종합병원은 종합병원이다'라는 말로 설명이 가능할 것 같다. 전투 같은 하루하루를 보내며 어느 정도 적응을 하니 선생님께서 데스크 업무와 상담도 하나하나씩 알려주셨다. 이전 치과에서 보험 청구를 했었기 때문에 좀 더 빨리 적응할 수 있었다. 대학생 때 취득했던 보험청구사 3급이 만료돼서 다시 취득했고 2급을 위해 필요한 수업을 다 들었다. 다만 대학원 준비과정과 맞물려 내년에 2급 자격증을 취득할 생각이다.

마지막으로 공부를 더 해야겠다는 생각이 있어 대학원을 간 선생님들의 조언을 많이 구했다. 먼저 대학교 시절 교수님께 연락을 드렸다. 대학원 진학은 적극적으로 추천하지만, 너무 많은 것을 기대하고 가면 안 된다고 하셨다.

'대학원을 졸업하면 바로 강의를 할 수 있겠지?' '연봉이 더 올라가겠지?'라는 식의 기대를 말하셨다. 순수하게 더 배우고 싶은 마음이 있으면 가고, 졸업하고 나서 좋은 기회가 오면 강의를 할 수 있는 것이라고 하셨다.

교수님의 말씀을 새겨듣고 대학원에 재학 중이신 분과 졸업하신 예방과 선생님들을 만나 조언을 구했다. 선생님들 또한 대학원을 가는 것을 추천하셨지만 많이 힘들 거라 마음을 단단하게 잡고 가야 한다고 하셨다.

"아람이는 하고재비라서 어디 가서 뭘 하든 다 잘 해낼 거야~!"

"하고재비요?"

"응. 네 별명이잖아."

그렇게 나도 모르는 사이에 나는 하고재비로 불리고 있었다.

선생님과 교수님의 조언을 잘 새겨듣고 인제대학교 보건대학원에 입학해 현재 1학년 2학기 막바지를 향해 달리고 있다. 전공 분야가 아닌 보건학을 공부하다 보니 생소해 강의를 몇 번씩 돌려봐도 이해가 안 되는 부분이 많고, 아직 논문의 '논' 자도 시작을 안 했는데 이렇게 어려운 걸 보면 쉬운 길은 아닌 것 같다는 생각이 든다.

대학원 생활의 또 다른 묘미는 다양한 분야에서 일하고 계신 선생님들과 교수님들과의 만남이라고 들어 임원으로 활동을 하고 있지만, 코로나로 인해 만남이 이루어지지 않아 이렇게 1학년 생활이 지나가서 너무 안타깝다. 하루빨리 코로나가 종식되어 2학년, 3학년 때는 선생님들과 교수님과 만날 수 있는 자리가 생기길 바랄 뿐이다.

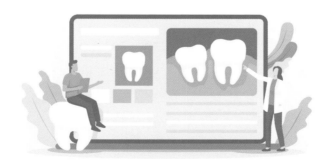

매력 부자 치과위생사

치과위생사가 가지고 있는 매력은 다들 잘 알 것이다.

기본적으로 우리는 치과위생사 국가 면허증을 취득한 의료기사로 면허증이 없으면 아무나 할 수 없는 전문직이고, 기술을 요하는 직업이기 때문에 내가 치과 업무 중 할 수 있는 것이 많다면 그만큼 나의 가치를 인정받을 수 있다.

영어를 짧게 캐나다에서 배우고 온 경험 덕분에 완벽하게는 아니더라도 알아듣고 간단하게 설명은 할 수 있어서 외국인 환자분들이 오시면 선생님들이 나를 찾는다. 이처럼 꼭 진료와 관련 있는 부분이 아니더라도 치과에 도움이 된다면 나의 가치를 인정받고 일을 할 수 있는 환경이 생긴다.

경력이 단절되어도 해오던 것들이 있기 때문에 금방 다시 적응할 수 있어 재취업률이 높은 것 또한 장점 중 하나이다. 그리고 개인 치과, 치과병원, 종합병원, 대학병원 또 보건직 공무원, 치과 관련 기업 등 다양한 분야에 자신의 적성에 맞춰 취업할 수도 있다.

나는 개인 치과, 치과병원, 종합병원에서 근무를 해봤다. 아무래도 처음엔 체계적으로 일을 배우고 싶어 치과병원에서 시작했다. 하나부터 열까지 상세하게 알려주셨고 시험을 통과하지 못하면 해당 진료는 볼 수 없었다. 기본기가 가장 중요하다고 생각해서 그때의 피땀 눈물이 헛되지 않았다고 생각한다. 그리고 두 번째로 입사했던 개인 치과는 동네의 작은 치과였기 때문에 여유로웠다. 바쁜 것을 선호하지 않는 선생님들은 개인 치과에 입사하셔서 배우는 것도 나쁘지 않다고 생각한다.

마지막으로 현재 일하고 있는 종합병원의 경우에는 1차 병원에서 진료하기 힘든 분들이 내원하신다. 기본적으로 덴탈IQ가 굉장히 낮고, 연령층이 높기 때문에 의사소통 능력이 중요하다. 병동과 협진하여 진료를 보기 때문에 거동이 불편하고, 휠체어를 타고 오시는 분들이 많아 고강도의 환자 케어와 진료능력이 필요하다. 대부분의 환자분이 전신질환을 앓고 계시기 때문에 전신질환과 약에 대해서도 잘 알고 있는 것 또한 굉장히 중요하다.

최근 평균수명이 늘어나면서 건강과 수명에 관심도가 높아지고 있어, 자연스럽게 구강 환경에 대한 관심도 높아지면서 치과에 내원하시는 환자분의 수가 증가하는 추세다. 예전에는 치료 중심적으로 진료를 했다면 요즘엔 예방 위주의 진료가 많이 늘어나면서 치과위생사의 전망 또한 밝다고 생각한다.

임상 치과위생사는 많은 환자분과 소통하는 과정에 힘든 점도 분명히 있지만, 사람을 응대하면서 배우게 되는 것도 있고 좋은 에너지를 얻어가기도 한다. 외향적이고 사람 만나는 것을 좋아한다면 매력이 될 수 있는 부분이다.

우리가 하는 일은 환자들의 구강 환경이 좀 더 나아질 수 있도록 돕는 것이다. 치료에 관한 진료뿐만 아니라 치료 후 구강 관리 방법을 알려드리기도 한다. 정기검진 때 "저번에 선생님께서 잘 알려 주셔서 그렇게 관리했어요."라며 변해오시는 환자분들을 보면 뿌듯하고 자부심을 가지며 일할 수 있다. 치과계가 빠르게 변하기 때문에 보수교육과 관련 세미나를 통해서 끊임없이 공부하며 지식을 업데이트해서 좋은 정보를 줄 수 있도록 준비해야 한다.

치과는 구인 구직하는 곳이 많기 때문에 내가 원하는 근무 여건에 맞춰 입사할 수 있다. 오전 또는 오후만 선택해서 일하는 파트타임부터 퇴근 시간이 빠른 치과, 야간진료는 있지만 근무 일수가 적은 치과까지 다양하기 때문에 내가 원하는 시간에 맞춰 선택할 수 있다.

나는 대학원을 가고자 하는 목표가 있었기 때문에 야간진료가 있는 곳에서는 일할 수 없어서 파트타임이나 빨리 마치는 곳을 알아보았다. 현재 근무하고 있는 곳은 5시 30분 퇴근이라 고민 없이 바로 선택했다.

아쉬운 점도 있다. 이렇게 매력 있는 치과위생사라는 직업이 개인병원에서는 간호조무사와 차이 없이 취급된다는 거다. 잘하시는 간호조무사 선생님들도 있지만, 엄연히 우리는 국가면허증을 가지고 있는 전문직인데 그들과 똑같은 대우를 받거나 그분들이 실장으로 있는 치과에서 일을 배우는 신입 치과위생사가 많다. 나 또한 캐나다로 떠나기 전 잠시 일했던 치과에서 나 혼자만 치과위생사이고 나머지 3명은 간호조무사였다. 나쁜 경험이 있었던 건 아니었지만 개인적으로 발전이 없고 한자리에 머물러 있다고 느껴 그 치과에서 오래 일하지 못하고 퇴사했다. 간호조무사 선생님 밑에 있다고 배울 게 없는 것은 아니지만 처음 배울 때의 기본기가 가장 중요하다고 생각하기 때문에 우리의 업무는 치과위생사 선생님들께 제대로 배워야 더 많은 성장을 할 수 있다.

저년차 때부터 지금까지 나에게 수없이 던져왔던 질문이다. '나는 어떠한 치과위생사가 되고 싶은가?'

나는 어떠한 치과위생사가 되고 싶은가?

저년차 때는 무조건 진료 잘하는 치과위생사가 되어야겠다고 생각했다. 진료 업무를 잘 해내는 것이 내가 이 자리에서 선배님들이나 원장님께 인정받을 방법이고, 인정을 받아야만 잘한다고 생각했다.

그래서 예방과에 있을 때는 나 혼자 환자분을 이끌어서 진료를 하는 업무였기 때문에 '전문 관리를 환자에 맞게 잘 했는지' 또는 '내가 아는 것을 잘 전달했는지'가 중요했고, 일반보철과에 있을 때는 '오늘은 임시 치아가 잘 만들어졌는지' 아니면 '오늘은 임프레션, 또는 임플란트 스캔이 잘 떠졌는지' '원장님께 필요한 기구들을 빠짐없이 준비하고, 손발이 맞게 잘 줬는지'처럼 진료적인 부분을 실수 없이 잘했는지 등 나만 잘하면 된다고 생각했다.

하지만 지금은 몇 년차든, 어떤 위치에 있든 내가 있는 자리에서 주어진 업무에 최선을 다하며, 남들 시선을 의식하지 않고 하고 싶은 것이 있으면 해나가는 것이 맞다는 생각을 가지게 되었다. 무리하지 않고 나만의 페이스를 유지해 꾸준히 하면 언젠가는 목표에 도달할 것이라 믿는다.

치과위생사로서 남은 대학원 생활을 잘 마무리하고 임상에 있으면서 치과위생사 선생님들께 도움이 되는 강의를 할 수 있는 강사가 되어 N잡러가 되는 것이 나의 최종 목표이다.

유아람으로서는 '또 보고싶은 사람'으로 기억되고 싶다. 좋은 향기가 나는 사람은 한번 더 보게되고 그 향이 나면 그 사람이 또 기억이 되듯이 한번 보고 끝이 아니라 또, 계속 보고 싶은 사람이 되고싶다.

마지막으로 며칠 전 나의 최애 프로그램 '유퀴즈 온 더 블록'을 시청하다가 마지막 엔딩 명언이 나의 가치관과 비슷하여 굉장한 울림을 받았다.

앞으로 더 성장해나갈 나 자신 파이팅!

꿈과 성장을 위해 도전하며 일하고 계신 치과위생사 선생님들 모두 다 파이팅!

'거대한 목표를 작정한 자만이 큰일을 내는 것은 아니다. 자신의 위치에서 마음이 즐거운 일을 찾고, 꾸준히 정성을 쏟는 것만으로도 일상을 뒤흔들기에 충분한 에너지의 밀도가 쌓인다. 목표의 크기와 관계없이 삶을 진득이 정진한 이의 한 방은 큰일을 내고야 만다.'

- 유퀴즈 온 더 블록 133화 내년에 큰일 낼 사람들 특집

치과,
마케팅크리에이터

조유진

- 마케팅크리에이터 치과위생사
- 온라인 구강건강관리튜터
- 중증장애인치과 행동하는 의사회 봉사자
- 부산광역시 치과위생사협회 유튜브 제작자
- 샐리의 아침(새벽기상챌린지) 운영자
- 라이브클래스 쉽게 디자인&영상편집 강사

경력단절 육아맘에서 나의 가치도 찾고, 업의 가치도 뚜렷히 알게되어 "치과위생사"라는 직업을 마케팅하는 치과위생사!!

★인스타그램 : @dalkkomom
★블로그 : blog.naver.com/
  eugin0901
★이메일 : eugin0901@naver.com

    2021년 나는 다시 치과위생사로 재탄생했다. 이게 무슨 뚱딴지같은 소리인가? 라고 생각하시는 분이 계실 것 같다. 나는 치과위생사 졸업과 동시에 협회 가입을 한 후 그해 보수교육을 듣고 면허신고도 없이 계속 일해왔다.

    하지만, 2021년 그동안 미뤄왔던 협회등록과 보수교육을 모두 마쳤다. 현재는 임상에서 근무하지는 않지만, 치과위생사로서 부산광역시협회의 유튜브 영상 제작 봉사를 하고 있다. 얼마 전에는 행동하는 의사회의 중증장애인 치과 봉사자로 등록했다. 마인드는 누구보다 뛰어난 치과위생사다! 나에게 왜 이런 변화가 왔을까?

20대, 돌고 돌아온 나의 이야기

나는 치과기공사 출신 치과위생사다.

치과기공사로서 치과 근무의 한계를 느꼈다. 치과기공사로서 치과의 모든 술식은 까막눈이었다. 원장님께 혼나지 않는 날이 없을 정도였다. 그래서 치과위생사가 되기로 결심했다.

부모님의 반대를 무릅쓰고, 스스로 학비와 생활비를 다 충당하겠다는 각오로 모교의 야간반에 입학했다. 학업과 일을 병행하며 3년을 버티듯 보냈다.

정말 악바리 근성으로 쉬지 않고 공부하고 일했다.

원장님도 매우 좋아하셨다. 성적장학금도 받고, 치과 생활도 열심히 하니 원장님이 늘 내 칭찬을 아끼지 않으셨다.

치과위생사 면허를 취득했고, 진료실 업무를 혼자서도 막힘없이 할 수 있는 힘을 길렀다. 목표했던 나의 3년을 이뤘다.

거기다 공부에 대한 애착과 자신감마저 생겼다. 그래서 대학원에 갈 결심을 했다. 졸업한 후 바로 이어서 전공 심화 과정을 이수했다.

하지만 결혼이라는 제2의 인생을 그려야 하는 순간이 왔다. 오래 사귄 남자친구가 아버지께서 정년퇴직하실 때가 되었다고 그 전에 결혼하자고 했다.

대학원 진학을 계획해서 결혼을 미루자고 했더니, 아버지 정년 안에 결혼해야 한다며 대학원은 결혼 후에 꼭 보내주겠다고 약속했다. 하지만 결혼한 뒤 대학원의 꿈은 천천히 잊혀갔다.

신혼집 지역의 치과병원에 취직했다. 행복한 신혼이 지나고, 나는 30대를 맞이했다.

워킹맘 치과위생사의 위기, 그리고 또 다른 기회

치과 생활은 매우 만족스러웠다. 지역의 중심지에 있었던 치과병원이기도 했고, 함께하는 원장님과 동료들이 좋아서 이 병원에서 계속 일하고 싶었다. 좋았던 만큼 만삭까지 일해도 힘든 줄 몰랐다.

출산 후 치과로 복직하고 싶었다. 하지만 원장님께서 육아휴직까지는 안 된다고 하셨다. 출산휴직 후 파트타임으로 복직을 제안했지만 받아들여지지 않았다. 출산 후 자연스럽게 치과를 퇴사했다. 그 이후로 나의 일상은 치과 일이 아닌 육아로 채워졌다. 육아가 힘들지는 않았다. 아이를 키우는 것도 하루하루가 행복했다. 하지만 일 욕심 가득한 나는 아이를 어린이집에 보내고 일하고 싶었다. 아이의 하원 시간에 맞추려고 하니 재취업이 쉽지 않았다. 그래서 파트타임 근무를 하게 되었다. 아마 대부분의 엄마 치과위생사들의 복직 스토리일 것이다.

파트타임으로 만족을 못 하고, 남편을 졸라 근무시간을 조율해서 정규직으로 치과에 출근했다. 그런데 기쁨과 동시에 몇 개월 뒤 코로나19로 상황이 반전되었다.

코로나가 터지면서 워킹맘 생활 중 워킹을 종결했다. 유치원 등원이 어려워지면서 누군가는 집에서 아이를 케어해야 했다. 코로나로 인해 일과 육아를 선택해야 하는 치과위생사들이 많았을 것이다.

일하지 못하는 상황이 계속될까 봐 두려웠다. 그래서 '어떤 일을 해야 아이를 키우면서 일을 할 수 있을까?'라고 고민했다. 아이가 유치원을 다시 가게 되고, 수많은 고민 끝에 집 근처 컴퓨터학원에 다니기로 했다.

학원에 다니면서 배운 것은 디자인과 영상 편집을 할 수 있는 어도비 프로그램 4가지였다. 학원은 취업까지 연계해주는 프로그램으로 기본기를 다 익히게 하여 졸업을 하게 해줬다.

학원 선생님의 추천으로 병원마케팅회사들을 알게 되었다. 하지만 지리적 여건으로 지원할 수 있는 곳이 적었다. 학원 졸업 후, 연계 취업은 못 했지만, 프로그램을 다룰 줄 아는 기술을 갖추게 되었다.

어도비 프로그램을 다룰 수 있는 기술로 온라인 커뮤니티에서 활동하며 사람들을 알아가고, 소개를 받아 프리랜서로 하나둘 일을 하기 시작했다. 쇼핑몰 상세페이지 또는 회사 로고, 전자책표지 디자인 등 약간씩 용돈 벌이가 가능했다. 디자인을 치과에도 적용해보고 싶어 아는 실장님 치과의 블로그도 관리를 해주게 되었다.

운이 좋았다. 코로나로 인해 비대면 상황이 장기화되면서 SNS의 역할이 의료계뿐만 아니라 여러 분야에 큰 영향을 미치게 되었다.

자연스럽게 SNS 콘텐츠를 제작하고 디자인하고 글을 쓰는 일이 모든 사업의 일부가 되었다. 이 일은 컴퓨터와 프로그램, 몇 가지 아이템만 있으면 집에서도 충분히 할 수 있다.

그래서 나는 방향을 바꾸어 아이를 돌보면서 할 수 있는 재택근무를 원하게 되었다. 치과 마케팅부서에 취업하고 싶었다. 하지만 치과는 상주 근무자를 원했다. 면접을 볼 때 부분 재택을 요구했지만, 협의가 이루어지지 않았다.

재택근무가 가능한 병원마케팅회사에 지원했고, 한 병원을 담당으로
여러 가지 SNS 콘텐츠를 제작하고 내외부 마케팅에 도움 되는 자료들을
만드는 일을 하게 됐다.

도전이 만들어낸 나의 만족스러운 N잡

첫 도전은 인스타그램을 통해서 시작되었다. 학원에 다닐 땐 치과위생사로서 치과 마케팅을 한다는 것은 막연한 꿈이라 생각했었다. #치과위생사 #병원마케팅 #치과마케팅 등 해시태그를 검색해보니 치과위생사 선생님들이 열심히 활동하시는 모습을 볼 수 있었다.

그중 유명한 강남 레옹 치과의 디자인과 마케팅을 담당하는 "흄" 선생님의 모습을 지켜보며 N잡에 대한 꿈을 키웠다.

엄마라는 역할 때문에 재택근무를 마음속으로 간절히 바랐다.

간절히 바라고, 노력하면 이루어진다고 했는데, 정말 이루어졌다. 아이의 등·하원 시간에 매이지 않아도 되고, 집안일도 짬짬이 할 수 있다. 그리고 특별한 일정이 있으면 업무량을 조절하거나, 업무시간을 배분해서 사용할 수도 있다.

최근 일주일 정도 여행을 간 적이 있다. 연차를 쓸 필요 없이 여행지에서 와이파이가 되는 곳이면 업무를 볼 수 있었다. 사실 여행을 가기 위해 업무량을 미리 당겨서 받았고, 수정과 추가적인 부분만 여행 중에 수정해 전달했다.

치과를 다녔더라면 연차를 내서 여행을 떠나야 하지만, 노트북 하나만 있다면 업무를 볼 수 있는 디지털노마드와 같은 삶을 살 수 있다. 마치 시간을 자유롭게 쓰는 성공한 비즈니스 우먼이 된 것 같아 기분이 좋았다.

업무에 방해되지 않는 선에서 개인적인 온라인 수익화 활동도 하고 있다. 현재 내가 하는 일을 사람들에게 알려서 디자인이나 영상 판매도 하고, 이를 배우고 싶은 사람들을 대상으로 온라인클래스도 진행한다.

업무 수행 방식에 한계를 두지 않고 컴퓨터로 할 수 있는 일이라면 자유롭게 할 수 있다는 아주 큰 장점이 있다.

반면에 업무가 갑자기 몰리면 마감에 맞추느라 고생할 때도 있다. 가족들이 잠든 시간까지 홈 오피스에 불을 켜고 일을 한다. 가족과의 삶에 집중하지 못할 때 미안하다. 함께 있지만 책상에 붙박여 컴퓨터와 씨름하다 보면 아이에게 신경을 못 쓰는 상황이 발생할 때도 있다.

프리랜서는 스스로 일과 생활을 명확히 구분하고 직장생활을 할 때보다 루틴을 정해 철저해 지키는 업무습관이 필요하다.

그럼에도 아이를 직접 등·하원 시키고, 가사도 병행하며 일할 수 있는 장점에 큰 점수를 주고 싶다. 그리고 좋아하고 즐기는 일을 하고 있어서 너무 만족한다.

나는 N잡 하는 치과위생사다!

　나는 서른여섯 살이고, 여섯 살 딸아이가 있는 엄마 치과위생사다. 아니 현실적으로는 그냥 육아하며 집에서 일하는 N잡러이다.

　지금 치과위생사의 자부심과 소명 의식은 그 어느 때보다 우상향 중이다!

　틈틈이 독서를 하다 보니 다양한 생각을 하게 되었고, 직업에 대한 가치관도 다시 세우게 되었다.

　아래 글은 마케터 강민호 님이 쓴 〈브랜드가 되어간다는 것〉이라는 책의 일부이다.

> ◆ 직장인 : 규칙적으로 직장을 다니면서 급료를 받아 생활하는 사람
> ◆ 직업인 : 어떠한 직업에 종사하고 있는 사람

같은 일을 하지만 이 둘의 목적과 관점은 조금 다릅니다. 직장인은 일하는 공간인 장을 필요로 하는 사람들이고, 직업인은 업을 추구하는 사람들입니다. 모든 직장인들은 직업인으로서의 필요조건을 갖추었지만, 주위를 둘러보면 직장에서 업에 대한 소명 의식을 가진 직업인은 생각보다 많지 않습니다. 자신이 하는 일의 의미를 깊이 이해하지 못한 채 직장이라는 공간에서 그저 시간을 때우고 있는 직장인이 부지기수입니다.

– 〈브랜드가 되어간다는 것〉 58~59쪽

머리를 한 대 맞은 기분이었다. 나에게 직업은 돈을 벌기 위한 수단이었기 때문이다. 대부분의 사람들이 돈을 벌기 위해서 일을 하지만, 그것이 목적이 된다면 현재의 직업을 지속하는 것은 지루하고 힘들게만 느껴질 것이다.

직장인이 아닌 직업인이 되기 위해서는 나의 비전과 목적, 방향성을 명확하게 세워야 했다. 그래서 다시 태어나겠다는 마음가짐으로 2021년 협회에 등록하고 보수교육을 이수했다.

온라인 강의를 적극적으로 찾아 들으며 마인드를 장착해 나갔다. 인스타그램에서 #치과위생사 해시태그를 검색하여 활발하게 활동하는 멋진 치과위생사 선생님들과 인연을 맺어 나갔다.

현재 나는 치과에 근무하지 않는다. 하지만 치과위생사의 본질적인 업무가 무엇인가 매일 고민하고, 내가 그동안 쌓아온 경력의 가치를 표현하기 위해 다양한 접점으로 공부하고 시도한다.

최근에는 꿈 보드에 적어둔 "온라인 구강건강관리튜터"의 역할을 하기 위해 첫발을 내디뎠다. 직장이 아닌 직업으로써 스스로 경험들을 인정하고 가치를 높여 받아들이니 내가 할 수 있는 일이 무한정으로 늘어났다. 꿈으로 가슴이 터질 것 같았다.

> **직업을 찾으면 직장은 어디에나 존재합니다. 직장인이 직장을 잃을까 두려워하는 것을 본 적은 있지만, 직업인이 직업을 잃을까 두려워하는 경우를 본 적이 없습니다. 직장은 누군가에 의해 빼앗길 수 있지만 직업은 내가 스스로 포기하지 않는 이상 누군가 인위적으로 잃게 만들 수 없기 때문입니다.**
>
> - 〈브랜드가 되어간다는 것〉 70쪽

내가 꿈꾸는 미래형 치과위생사의 비전과 전망

"오늘의 하루가 나의 미래를 만든다."

라는 말이 있다. 미래에 가치를 두고 직업에 대한 꿈을 키우고 있다.

온라인마케터와 콘텐츠크리에이터라는 직업은 미래에 각광받을 것이다. 디지털기술의 발달과 코로나19는 인류가 온라인 환경에 익숙해지는 속도를 가속화했다. 현재도 다양한 업종에서 이러한 일을 하는 사람을 많이 채용하고 있다. 오히려 전문가라고 할만한 인력이 부족한 실정이다.

우리나라에서는 4차 산업혁명에 따른 디지털 분야의 교육지원도 매우 많이 하고 있다. 그러므로 앞으로 치과위생사의 고유업무에 디지털기술과 메타버스 플랫폼을 활용한 교육과 홍보 방법들이 빠르게 개발될 것이다.

크라운 임프레션을 채득하는 것도 3D 스캐닝으로 데이터화되면 CAD/CAM을 과정을 거쳐 3D프린터로 제작할 수 있어 1day 치료가 가능해졌다. 잘 관리된 데이터는 새로운 AI 진단 과정에 활용된다.

치과 업무 전반에 디지털화가 빠르게 진행될수록 치과위생사의 업무처리 방식에도 디지털화되는 부분이 많아지면서 무한한 가능성이 열릴 것이다. 치과위생사로서 치과 SNS 콘텐츠 제작과 마케팅을 한다면 알리고자 하는 정보를 좀 더 쉽게 전달하고 환자들과 소통하는 콘텐츠를 기획할 수 있다.

당장 마케팅담당으로 취업을 하지 않더라도, 근무하고 있는 치과에서 적극적으로 퍼스널 브랜딩을 해 보직을 얻을 수 있다. 치과의 온라인마케팅 담당자로서 진료실과 데스크가 아니더라도 찾을 수 있을 것이다.

유튜버 하이수지 선생님이나 갓새댁 선생님이 마케팅담당 치과위생사가 된 것처럼 말이다. 이것이 바로 치과위생사의 디지털 트랜스포메이션이 아닐까?

치과위생사의 고유업무인 예방 분야가 확대되려면 많은 대중에게 예방의 중요성을 알릴 필요가 있다. 이때 치과위생사가 앞장서서 여러 가지 플랫폼을 통해 정보를 전달하고 광고를 한다면 엄청난 시너지를 기대할 수 있을 것이다.

나는 경제적 활동을 하는 세상 모든 직군의 사람들이 다 배우고 알아야 하는 부분이 바로 마케팅이라 생각한다.

치과위생사로서의 마케팅은 구강 관리의 필요성과 스스로 구강 관리를 잘하는 방법, 그리고 치과 정기검진의 습관화를 대중에게 전달하는 것이라 생각한다. 코로나로 인해 온라인시대가 더 크게 열린 만큼, 개인의 콘텐츠가 더 주목받는 시대가 되었다.

유튜브는 1인 방송국이 되었고, 구독뉴스레터는 1인 신문사가 되었다. 그리고 틱톡, 메타, 인스타그램, 제페토, 이프랜드, 블로그, 브런치, 게더타운 등의 플랫폼은 개인을 알릴 수 있는 매개가 되었다. 세상의 다양한 것들을 내 손바닥 안에서 자유자재로 펼쳐볼 수 있다.

누구나 크리에이터가 될 수 있는 세상이다.

치과위생사로서 여태까지 해온 업무 말고도 다양한 것들을 만들어 갈 수 있다. 치과위생사의 본연의 업무인 구강 예방관리를 플랫폼 매체를 통해서 알리고, 환자 아닌 대중을 ZOOM과 같은 화상회의로 만나 구강 관리 강연을 한다면 바로 치과위생사 크리에이터가 되는 게 아닐까?

유튜브 또는 인스타그램에 #DETALHYGIENIST라고 검색해 보면 외국의 치과위생사들이 치과위생사의 고유업무를 알리고, 구강 관리 방법을 알리기 위해 많은 노력을 하는 것을 볼 수 있다. 내가 좋아하는 채널로는 "Teeth talk girl"이 있다.

그리고 우리나라에는 예방치과위생사 유튜버 체리엄마가 있다.
우리나라 치과위생사들 또한 다양한 구강 건강 관리 콘텐츠가 많이 나오길 기대한다. 그리고 나 또한 치과위생사 크리에이터가 되는 길이 내가 잘하는 일과 좋아하는 일을 결합할 수 있는 최선책이라는 생각이 들어 그 방향으로 나아가기로 결심했다.

N잡을 꿈꾸는 치과위생사들에게

　새로운 도전이 N잡을 가능하게 만든다고 믿는다. 그래서 작가에 도전했다. 처음에는 책을 낸다는 게 부끄러웠다. 특별히 남과 다르게 성공이란 걸 했다고 생각하지 않기 때문이다.

　그런데 내가 온라인에서 주최하는 미라클모닝 챌린지팀 멤버인 〈긍정의 기술〉 박수은 작가님께서 이렇게 말씀해주셨다.

　　"유진 님! 책은 성공해서 쓰는 게 아니에요~ 책 하나를
　　집필하므로 나를 성장시키고, 성공의 길에 한 걸음 더 다가가는
　　거예요! 성공… 그 기준은 사람마다 달라요! 작가가 되는 것도
　　하나의 성공이랍니다!"

　그 말에 힘입어 작가로 시작하기 위해 치과위생사의 성장 스토리를 엮는 공동출판 기회를 얻어 공동저자가 되었다.

　꿈을 향한 고민을 해결하는 방법은 두 가지다.
　하나는 고민을 하다 슬그머니 회피하고 미뤄두는 것이고, 나머지는 도전을 통해서 잘한 선택인지 잘못된 선택인지 확인하는 것이다.

확실한 것은 실패한 도전도 생각지 못한 기회들을 만들어준다. 휴대전화를 손에 쥔 모든 치과위생사 선생님들은 플랫폼과 아주 밀접하게 생활하고 있다고 해도 과언이 아니다.

인스타그램, 메타, 블로그(구글/네이버), 브런치, 유튜브, 틱톡 등 조금만 찾아보면 할 수 있는 것이 많다. 잘하든 못하든 지속해서 운영하는 게 가장 중요하다.

일단 시작하면서 하나하나 채워나가면 된다. 시작은 완벽할 필요 없다. 그냥 내가 남기고 싶은 사진 또는 영상 생각을 글로 써 내려가면 된다.

SNS가 만만해졌을 때 이미지 편집, 동영상 제작, 글쓰기 능력, 고객을 사로잡는 카피라이팅, 눈에 띄는 이미지디자인을 하기 위한 미적 센스, 온라인과 오프라인을 넘나드는 마케팅 기획력을 차례대로 하나하나 공부해서 바로 적용해 나가면 된다.

〈기록의 쓸모〉 이승희 저자의 이야기다. 그분 역시 치과기공사 출신으로 치과에서 근무했었다. 치과 진료실 업무가 적성에 맞지 않아 데스크를 담당하게 되었다.

그런데도 센스가 없다는 말은 부지기수였다. 그러다 한 번도 해보지 않았던 것에 도전했다. 치과 블로그를 스스로 시작한 것이다. 꾸준히 하다 보니 성과가 좋아서 결국 치과마케터가 되었다. 그리고 그 경험을 바탕으로 '배달의민족' SNS 파트 관리자로 채용되었다. 이와 같이 삶이란 어떻게 될지 모른다.

능력은 당신이 시작한 곳이 아니라 끝낸 곳에서 평가받는다.

내가 지금 한 일이 인생에 어떤 점을 찍는 것이라고 한다면 미래에 그것들을 어떻게 이어질지는 예측할 수 없다. 그러나 10년이 지난 후 돌이켜 보니 그 점들은 이미 모두 연결되어 있었다.

- 스티브 잡스, 2005년 스탠포드대학교 졸업식 연설 중에서

치과위생사 면허자는 보험을 하나 가지고 있다고 생각한다.

어떤 직종보다 재취업이 쉽기 때문이다. 치과가 아닌 다양한 분야에서 치과위생사의 이름으로 일을 할 수도 있다.

치과위생사라는 자부심을 가지고 인생의 점을 찍어 나갔으면 좋겠다. 점들이 이어져 선이 되어 업의 가치를 빛내는 순간, 선생님도 선생님만의 꿈을 이루었을 테니 말이다.

그리고 이 글을 읽는 치과위생사 선생님들도 도전이라는 이름 아래 함께 꿈을 펼쳐나가길 바란다.

꿈꾸는 대로 이루어라

구민경

- 《이번 생에 실장은 처음이라》 저자
- 한국병원교육협회 강사
- 다온C.S.M컴퍼니 주니어 컨설턴트
- 다온C.S.M컴퍼니 치과건강보험 컨설턴트
- 現)연세고마운치과 성북점 총괄실장
- 삼육보건대학 졸업
- 삼육보건대학교 평생교육원 보건학사 치위생학 전공 취득

병의원 경영컨설팅 전문기업 다온C.S.M컴퍼니에서 병원전문강사, 주니어컨설턴트로 활발하게 활동하고 있으며 한국병원교육협회 소속강사로서 병원의 임상과 스킬, 동기부여 강의도 진행하고 있다.

★인스타그램 : 9_min_0
★이메일 : mm920@naver.com
★블로그 : https://blog.naver.com/mm920

치과위생사, 무슨 일까지 해봤니?

저는 임상 12년차 치과위생사로 여러 job을 가지고 있어요.

기본적으로는 치과의원에서 일하는 총괄실장.

치과 종사자들의 슬기로운 치과 생활을 위한 책을 출판한 작가.

병원 종사자들을 성장을 응원하며 지식과 경험으로 쌓아 올린 노하우를 전달하는 강사.

더 나은 병원 생활을 위해 컨설팅을 하는 컨설턴트.

제가 하는 일을 좀 더 자세히 소개해드릴게요.

| 총괄실장 |

치과의원의 총괄실장으로서 병원이 올바른 길로 나아가고 유지할 수 있도록 경영을 돕고 있어요. 원장님을 비롯한 병원 종사자 대부분이 그 분야는 전문적으로 교육받지 않았기 때문에 대체로 경영에 능숙하지 않죠. 저 또한 부족한 부분은 담당 세무사께 조언을 구하거나 교육을 통해서 병원이 내야 하는 세금과 연말정산 등 직원들에 관련된 노무적인 부분을 신경 쓰고 있어요.

예를 들면 최근 2021년 11월 19일부터 급여명세서의 발급이 의무화가 되었죠. 단순히 발급에 그치는 것이 아니라 급여내역, 공제내역, 업무, 근로일수, 근로시간 등 꼭 포함되어야 하는 항목들이 있기 때문에 급여명세서 발급 전에 근로계약서까지 확인이 필요했어요. 이런 부분의 정보를 원장님과 공유하며 병원이 대처할 수 있도록 신경 쓰고 있답니다.

치과에 내원하는 환자분들이 적절한 진료를 받고 가실 수 있도록 상담을 하고 진료 흐름이 원활하게 흘러갈 수 있도록 진료 어레인지도 하고 있어요. 같은 수의 환자 진료를 함에 있어 일하는 순서나 방향에 따라서 근무 강도가 달라질 수가 있는데요. 이때 순서와 흐름을 잡아주면 피로도가 훨씬 줄어들 수가 있어요. 진료를 받는 환자분들 또한 내원 횟수나 진료시간을 최대한 맞춤으로써 편하게 받으실 수가 있으니 치료에 대한 스트레스도 줄일 수가 있어요.

총괄실장으로서 중요한 것 중 하나는 바로 직원 관리인데요. 직원 선생님들 한명 한명을 관리한다기보다 모든 직원이 병원 안에서 하나가 되어 좋은 조직문화를 형성할 수 있도록 가이드를 해주는 거예요. 서로 다른 성향에, 다른 방식으로 일해왔던 개인들이 모여서 함께 일을 하는 것이기 때문에 융화될 수 있도록 큰 틀 안에서 능력에 맞게 근무할 수 있도록 돕는 게 중요한데요. 임상에서의 근무경력이 많아질수록 권태기가 오고 성장을 위해 뭘 해야 할지 모르는 시기가 올 수 있는데 이때 적절한 동기부여를 해주는 역할이에요. 직원들의 행동과 관심사 등에 관심이 많아야 하고 사랑으로 봐야 진정으로 직원들을 위한 조언을 해줄 수 있답니다.

| 작가 |

이미 실장의 직책으로 병원에서 중간관리자로 근무하고 있거나 치과실장을 꿈꾸는 치과 종사자들을 위한 《이번 생에 실장은 처음이라》를 출판한 작가입니다. 실제 병원 생활을 하며 겪은 경험을 바탕으로 현재 치과 내에서 겪고 있을 애환에 공감하고 앞으로의 병원 생활을 응원하려는 마음이 담긴 책이에요.

작가라고 소개하면 '책은 얼마나 팔렸어요?', '책으로 돈 많이 벌었나요?' 등 1차원적인 질문을 받기도 하는데요. 사실 저는 책을 출판하면서 책으로 돈을 많이 벌겠다는 생각보다는 제가 겪었던 것과 비슷한 상황에서 똑같이 힘들어하고 고민하고 있을 치과 종사자분들에게 도움이 되고 싶은 마음이었어요. 강의로도 전달할 수 있지만 같은 시간, 같은 장소에 모이는 것이 한계가 있기 때문에 제약 없이 원하는 때에 저의 경험을 접하게 해 더 현명하게 문제를 해결하길 바랐기에 책 출판을 기획하게 되었답니다. 시간이 흘러도 누구나 겪을 만한 에피소드를 다루고 있기 때문에 실장을 꿈꾸고 있을 치과 종사자 선생님들에게 도움이 될 테니 읽어보시길 추천드려요. 《이번 생에 실장은 처음이라》에서 이야기하지 못한 부분을 병원경영을 위한 방향으로 보완해 덴탈아리랑의 덴탈MBA 칼럼에 개재하기도 했는데요. 이렇게 책을 통해서 초보 실장에게 노하우만을 전달하는 게 아니라 실장과 직원들을 통해 병원이 성장할 수 있는 팁을 줄 수 있도록 여러 방면으로 노력하고 있어요.

| 강사와 컨설턴트 |

전국의 모든 병원에서 행복한 병원문화를 만들 수 있도록 강사와 컨설턴트의 일도 하고 있어요. 강사라면 모든 부분에서 모르는 게 없고 모든 것을 완벽하게 알아야만 할 수 있다고 생각할 수 있지만 꼭 그런 건 아니랍니다. 지금까지 임상에서 근무하면서 먼저 알게 된 것들을 공유한다고 생각하면서 강의하고 있어요. 병원에서 근무하는 다른 선생님들도 알고 실행하면 좋을 것들을 모아서 강의를 진행하기 때문에 진정성 있게 다가갈 수 있고, 강의를 듣는 선생님들 또한 이런 저의 마음을 알아주시더라고요.

현재에도 임상에서 진료실 백업까지도 들어가고 있지만 본래의 역할은 8년차인 실장으로서, 진행하고 있는 강의도 〈데스크의 모든 것〉에서는 데스크 접점별 업무에 대해 강의하고, 〈덴트웹 200% 활용하기〉 강의에서는 정형화된 상태로 프로그램을 사용하는 것이 아닌 병원에 맞춰서 제대로 활용할 수 있는 방법을 다루고 있어요.

치과 보험 청구 강의도 진행하는 동시에 병원에서 진료 후 사실 근거로 보험 청구를 하면서 매출까지 상승시킬 방법에 대해 바뀌는 동향을 끊임없이 공부하고 그것을 쉽게 풀어낸 강의도 하고 있어요.

컨설팅은 모든 병원을 매출이 잘나오는 똑같은 시스템을 가지도록 만드는게 아니에요. 병원의 위치에 따른 특성, 원장님의 철학, 병원의 비전 등을 고려해서 컨설팅 기간이 끝나더라도 원장님과 직원들이 유지할 수 있는 시스템을 정착시켜주는거죠.

물론 쉽지 않은 일이지만 몸과 마음이 아픈 환자들을 돌봐야하는 병원종사자들이 행복하게 근무할 수 있는 환경이 만들어지는 과정을 보면 굉장히 보람을 느끼게 되는 일이에요.

이력서의 '지원동기' 같은 건 묻지 마세요

대학입시를 앞둔 고등학교 2학년이 되기 전까지는 꿈이라는 것 없이 열심히 학교생활만 하는 모범생이었어요. 어느 대학, 어느 과에 지원할지 고민을 해야 하는 시점에서 평소에 관심이 있고 멋져 보였던 간호사가 먼저 떠올랐어요. 저의 첫 목표는 원래 간호학과 입학이었답니다.

하지만 수시전형에서 간호학과에 입학하지 못했고 수능시험 후 안정적인 합격선 안에서 지원해야 했는데요. 그렇게 서울에 위치한 보건대학의 치위생과에 입학하게 되었어요.

아직도 치과 간호사라고 많은 분이 알고 계신 것처럼 저 또한 치위생과에 입학할 때의 치과위생사에 대한 인식은 '치과 간호사'였죠. 하지만 전공과목을 공부하고 실습을 경험할수록 간호사만큼이나 치과위생사라는 직업이 매력적이라는 걸 알게 되었어요.

치과위생사는 치과 안에서의 모든 임무는 치과의사의 지도하에 수행해야 하는 것들이 대부분이죠. 하지만 환자들의 구강 건강을 개선시키기 위해 일하고 교육한다는 사명감을 가지고 스케일링(초음파 치석 제거)이나 TBI(칫솔질 교육)를 하더라도 한분 한분께 온 마음을 다해 수행하다 보니 환자분들이 먼저 알아봐 주셨고 변화가 되는 모습을 발견하면 더 힘이 나더라고요. 그렇게 끊을 수 없는 임상에서의 보람됨을 알게 되었어요.

한번 시작하면 끝을 보려고 하는 성격 덕에 임상에서의 진료실 업무에 대해서 많이 안다고 생각할 때쯤, 같이 일했던 실장님들의 텃새, 불합리한 환경들로 직접 실장이 되어야겠다고 다짐했죠. 실장의 기분이 병원의 분위기가 되어버리는 조직이 아니라 일하고 싶은 직장을 만들고 싶었어요. 그러기 위해선 진료실에서만 익혔던 임상기술 외에 사무적인 부분부터 보험 청구, 상담까지 부족한 걸 먼저 채워야 했어요. 오히려 모르는 업무에 부딪힐 때 깊게 파고들고 해결해나가는 시간들이 더 흥미 있었어요. 빠르게 성장할 수 있는 원동력이었죠. 치과위생사로서 마땅히 가져야 할 사명감으로 열심히 일하면서 흥미를 좇아 일하다 보니 지금의 자리까지 오게 되었어요.

하지만 이제는 단순한 흥미만 가지고 여러 가지의 일을 하고 있지 않아요. 제가 속해있는 다온C.S.M컴퍼니(이하 다온)의 대표님 이하 모든 강사님과 컨설턴트들은 "시간", "돈", "선택"의 자유를 위해 일하고 있어요. 하고 싶은 일 때문에 사랑하는 가족들과의 시간을 보내지 못하거나, 돈 때문에 하고 싶은 것을 선택하지 못하는 상황에 빠지지 않도록 지금의 어려운 시기를 견디고 있답니다. 힘들고 어려운 강의 기획이나 병원모니터링 등에 투입될 때면 포기하고 싶기도 하지만 한 단계를 뛰어넘을 때마다 느끼는 희열은 이루 말할 수가 없어요.

첫 시작이 어떻든 상관없어요. 지금의 일을 하는 이유를 찾고, 앞으로 어떻게 일할지를 궁리해보세요. 미래가 달라질 수 있습니다.

내가 하는 일의 매력 : 제한을 두지 않고 원하는 일을 할 수 있다는 것

통계청의 '2020년 상반기 지역별 고용조사 경력단절 여성 현황' 자료에 따르면 구직을 단념한 경력단절 여성이 약 1만2천여 명으로 2019년 대비 16%나 증가했다고 해요. 코로나19로 인해 흔히 말하는 '경단녀'의 수가 더 많아진 건데요. 이 수치는 치과계에서도 예외가 아니었죠. 코로나19 감염을 두려워하는 사람들이 외출을 자제하고 비말감염의 가능성이 많은 치과 치료를 미루고 중단하면서 매출이 하락해 직원 수를 줄인 곳도 많았어요.

치과계에서는 경력단절이 코로나19 이전에도 흔히 있었어요. 결혼했거나 임신적령기의 선생님들을 치과의 경영진들은 고용하길 꺼려 했고 정부에서 지원하는 출산휴가, 육아휴가의 혜택을 누리지 못하고 퇴사를 하며 육아 후에 다시 치과로 돌아가지 못하는 경우가 많아요.

저 또한 목표하던 실장에 빠르게 도달하면서 '내가 언제까지 치과에서 일할 수 있을까'를 고민했어요. 치과의원에서는 진료실 직원을 거쳐 팀장과 실장이 되면 더 올라갈 수 있는 곳이 없고, 실장이었던 선배들이 결혼이나 임신과 함께 퇴직하는 모습을 보면서 일할 수 있는 때가 얼마 없다는 생각이 진해졌어요. 한창 활발하게 환자 상담을 하고 조직경영에 대해 일할 때에 이런 고민을 했기 때문에 치과라는 우물을 깨고 더 넓은 세계로 나올 수 있었어요.

강사라고 모두가 똑같은 것들만 강의하는 게 아니라 내가 다른 선생님들을 위해서 어떤 걸 나눌 수 있을까에 포커스를 두었기 때문에 치과 프로그램 사용법 같은 강의를 만들 수 있었어요.《이번 생에 실장은 처음이라》를 출판한 것도 제가 대단한 사람이라서가 아니라 작은 것 하나라도 나와 비슷한 고민을 하고 있을 실장님, 선생님들이 계시다면 공유하고 싶어서였죠.

투잡, 쓰리잡을 넘어 N잡을 가질 수 있었던 건 직업으로서 어느 것 하나에만 제한을 두고 집중하지 않고 하고 흥미에 끌려 하고 싶은 일들을 뭐가 됐든 해보려고 도전하고 노력했기 때문이에요.

임상 치과위생사가 어떤 일을 하든 기본이긴 하지만 치과위생사로서 파생시킬 수 있는 job들은 무궁무진하게 많을 것이라고 예상해요. 그중 한 가지가 독자 선생님들의 job이 되었으면 좋겠어요.

내가 하는 일을 위해
준비해야 할 것

"실장이라면 본인의 철학, 미션, 비전에 대해서도 생각해 보길 바란다. 병원에 맞춰가는 게 아닌 본인의 철학과 맞는 병원을 찾았을 때 시너지효과를 발휘하며 빠르게 성장할 수 있다. 병원의 철학이 분명히 전달될 수 있을 때 환자를 납득시킬 수 있고, 그 후에는 로열티를 지불하면서도 병원을 방문하게 된다."

위 글은 《이번 생에 실장은 처음이라》 중 가장 마지막 '나는 실장입니다'의 내용 중 일부예요. 이 책을 집필할 때의 예상 독자는 이미 실장의 역할을 하고 있는 선생님, 실장을 꿈꾸는 예비 선생님들이었어요. 그래서 좀 더 실장으로서의 마인드와 병원과 직원의 중간관리자 입장에서 글을 썼는데요. 하지만 본인의 철학, 미션, 비전에 대해 고민해봐야 하는 건 실장뿐만이 아니라 미래를 꿈꾸는 모든 사람에게 해당이 됩니다. 어렵다고 덮어두고 생각하지 마시고 내가 앞으로 어떻게 되어야 하는지 이상적인 모습을 생각해보세요. 그게 바로 비전이 되는 겁니다. 비전이 있어야 눈앞에 어려운 상황이 생겨도 이겨내고 버틸 힘이 생길 수 있어요.

이런 사연도 있답니다. 저년차 때에 진료실에 일하면서 데스크에 나가고 싶을 때 보험 청구와 사보험을 공부하는 게 필요하긴 할 거예요.

하지만 데스크에서 일하는 나의 이상적인 모습을 상상했을 때 보험 청구를 하고 사보험을 이용해서 환자와 진료상담을 하는 게 아니라 대형 치과에서 보험 청구를 담당으로 하는 A직원과 사보험을 이용해서 직접 상담하는 B직원과 함께 일하는 실장이라면 어떨까요? 네, 맞아요. 굳이 보험 청구 자격증 취득과 사보험 청구에 매달리지 않고 잘하는 담당자들과 함께 경영과 직원관리를 하는 총괄실장으로 충분히 비전대로 근무할 수 있어요. 제가 비전에 대해 이렇게 목소리를 높이는 건 직접 경험해봤기 때문이에요.

비전 성명서
나는 3년 안에 내 책을 집필한다.
내 책을 명함삼아 컨설팅과 미팅에 응한다.
컨설팅 뿐만 아니라 주말에는 최소 10명의 수강생들 앞에서 강의를 멋지게 해낸다.
일과 가정을 분리해서 가족과 있을때는 그 시간에 최선을 하며 행복한다.
그럼에도 일에 지장이 없고 수입은 항상 부족함이 없다.
5년 후에는 책을 2권 집필한 작가가 되어 칼럼이나 공동집필 문의가 쇄도한다.

〈구민경의 비전 성명서〉

위 사진은 제가 2019년도에 작성한 비전 성명서에요. 독서 모임 중 존 맥스웰의 《꿈이 나에게 묻는 열 가지 질문》을 읽고 감상문을 작성해 모임에서 발표하는 시간이 있었어요. 평소 글 쓰는 시간이 가장 힘들었던 제가 정말 3년 안에 책을 출간하게 된 것을 보고 깨달았죠. 비전을 그려야 무의식중에도 비전에 다가가려고 노력한다는 것을요. 비전을 혼자만 다이어리에 몰래 적고 덮어두는 게 아니라 많은 사람이 볼 수 있도록 네이버 블로그, 인스타, 카톡 프로필 등에 성명서로 적어보세요. 비전 성명서는 구체적일수록 내가 바라는 비전에 더 가까이, 더 빨리 다가갈 수 있답니다. 1년차가 데스크에 나가지 말란 법이 없고, 1년차가 강사가 되지 말란 법은 없어요. 내가 뭘 하고 싶은지, 왜 하고 싶은지 생각해보고 시작해보세요. 함께 꿈꾸고 함께 나아가는 꿈 친구들이 여기 있어요.

당신을 응원하겠습니다.

언니들의
클라쓰

꿈꾸는 치과위생사의
도전기

정은지

• 《난생처음 사회생활》 저자
• 한국병원교육협회 이사
• 다온 C.S.M 컴퍼니 주니어 컨설턴트
• 다온 C.S.M 컴퍼니 병원전문강사
• Human Color Analyst
• 동우대학 치위생과 졸업 (현 경동대학교)

병원종사자분들을 위한 교육과 병원 시스템 구축을 위한 병원 컨설팅을 하고 있으며 개인의 고유가치를 분석하여 본연의 색을 찾아 개인 브랜딩을 할 수 있도록 돕는 '나비(나로 인해 비롯된) 브랜딩' 컨설턴트이다.

★인스타그램 : dmswl0628
★이메일 : dlqqmsleka@naver.com
★블로그 : https://blog.naver.com/ dlqqmsleka

치과 실장에서 강사로

　서른 살, 실장을 시작한 지 3년 정도가 될 때쯤, 평소 즐겨 찾던 치과 커뮤니티인 치과 건강보험을 사랑하는 모임 "치건 사모"에서 데스크 업무를 알려줄 사람을 찾는 글을 보게 되었다. 평소 내가 알고 있는 정보 및 지식을 사람들에게 전달하는 것을 좋아하기도 했고, 업무를 알려주면서 용돈도 벌 수 있으니 일석이조라 생각하여 데스크 업무를 알려주는 아르바이트를 시작하게 되었다.

　처음 데스크 업무를 알려주었던 분은 코디네이터였는데 그분은 리콜 외에 데스크 업무를 거의 알지 못했다. 그래서 기본적인 차트를 읽고, 예약을 잡거나 확인하고자 치과에서 많이 쓰는 필수적인 치학 용어부터 공부했다.

　접수 시 확인해야 하는 사항들, 환자 응대 멘트, 간단한 상담을 위해서 알아야 할 재료의 특징 등의 업무를 먼저 진행했다. 어느 정도 기본 업무들을 숙지하고 난 후에는 보험 청구 업무로 넘어갔다. 보험 청구에서 상병명이나 시술 용어는 일반 환자들이 이해하기 어렵기에 쉽게 설명해주기 위해선 어떻게 하면 좋을지 생각을 많이 했다.

　예를 들면 "치근단에 농(고름)이 생겨 구강내소염술을 시행할 때는 상병명은 '동이 없는 근단 주위농양'으로 넣어야 해요. 구강내소염술은 잇몸 속에 농(고름)이 생겨 잇몸을 절개하여 농(고름)을 배출해주는 시술인데, 말 그대로 농(고름)이 빠져나갈 구멍이 없어서 붓기 때문에 배출할 구멍을 만들어주는 거예요. 그래서 '동이 있는 근단 주위농양'으로 상병명을 한다면 염증이 배출될 통로가 있다는 것이기 때문에 보험 청구 시 삭감이 돼요."

또는 "잇몸은 치은이라고 하는데 치주치료의 치은절제술 시술은 잇몸이 붓고 비대해져서 한다고 생각하면 돼요. 그래서 치은절제술의 상병명은 치은비대가 돼요." 이런 식으로 알기 쉬운 설명을 거듭 고민했다.

이렇게 3~4개월 동안 주 1회씩, 퇴근 후 아르바이트하는 치과로 찾아가 두 시간씩 보험 청구 및 데스크 관련된 업무들을 알려주었고, 매주 갈 때마다 알려줄 업무들을 문서로 정리해나갔다. 그러면서 기초적인 데스크 업무 문서가 완성되어 갔다.

지금 보면 정말 많이 부족하고 허술한 20장 분량의 문서이지만 데스크 업무에 도움이 될 첫 수업자료이자 지금의 '데스크 업무의 신' 강의의 베이스가 되었던 거다.

두 번째로 교육을 진행했던 곳은 개원 전인 치과였고 원장님과 초보 실장님과 상담 선생님에게 데스크 업무를 알려주었다. 3명을 앞에 두고 one day로 열 시간을 진행했는데 별 탈 없이 무사히 끝나서 22만 원의 일당을 받았다. 노트북도 없이 문서 20장의 내용으로 알려드린 거였지만 굉장히 만족해하셨다. 그런 경험들이 쌓이면서 알려주는 것에 대한 즐거움과 보람을 더욱 느끼게 되면서 처음으로 '강사를 해보고 싶다'라는 생각이 들기 시작했다.

그렇지만 당장에 강사라는 꿈은 막연하기만 했다. 그래서 목표를 바꿔 '큰 병원의 실장이라도 도전해 보자'라는 생각으로 서른두 살부터 병원급의 실장 면접을 보기 시작했다. 그런데 한 치과의 면접을 담당했던 관리부장님이 면접날 성추행을 하는 사건으로 덜컥 겁이 나 큰 치과를 가는 것을 포기하고 다시 작은 치과로 들어가게 되었다. 그리고 2년이 지나 어느 정도 마음을 추스른 뒤 다시 도전하여 병원급의 총괄실장을 하게 되었다.

총괄실장으로서 맡은 업무로는 직원 교육 자료를 만들어 원내교육을 하는 것과 청년내일채움공제, 근로계약서 등의 노무관리와 병원의 시스템 구축 등이 있었다. 처음 해보는 업무여서 어떻게 해야 할지 감이 잘 안 잡히기도 하고, 잘 해보자는 마음에 세미나를 찾아보다 '매뉴얼 마스터'라는 강의를 알게 되어 수강을 신청했다.

매뉴얼 마스터 강사님이 강의할 때 표정과 목소리 톤도 다양하게 하며 설명해주어서 시간 가는 줄 모르고 강의를 들었다. 도움도 많이 됐지만 긴 시간의 강의가 지루할 틈이 없었던 점 때문에 강사님한테 관심이 갔다. 나중에 안 사실이지만 그분은 치과위생사 출신이면서 다온C.S.M컴퍼니의 대표님이었다.

그 강사님은 병원의 컨설팅 및 강사양성과 다양한 교육을 진행하고 계셨고, 18년도 하반기에는 한국병원교육협회도 창설하셨다. 한국병원교육협회는 학교 교육, 병원 종사자들의 교육, 경력단절 의료종사자분들의 교육 및 병원종사자들의 다양한 역량 강화를 위한 단체였고 함께 강사를 하면서 교육 양성에 힘써보지 않겠냐는 제안을 받았다. 예전부터 강사의 꿈도 있었기에 기회를 잡아야 한다는 생각도 들었고, 함께하면 많은 성장을 할 수 있겠다고 생각되어 대표님의 손을 덥석 잡았다. 그렇게 서른네 살 12월에 강사를 하겠다는 마음을 굳혔다.

행운은 사람을 통해서 온다.

N잡러 치과위생사

    나의 첫 직장은 보건소 구강보건실이었다. 구강보건실에서는 간단한 진료보조 및 학교와 어린이집 출장 예방 교육, 치과 구강보건사업과 희귀 난치성 사업 등 다양한 서류업무를 도맡아서 했다.

    그 당시 보건소 구강보건실 급여가 100만 원도 되지 않아 계약만료 후에는 재계약은 하지 않고 치과 진료실로 입사했다. 임상경험이 많이 없어 자신감이 부족했던 나는 작은 치과로 들어갔는데, 직원이 두 명뿐이라 저년차였지만 진료실과 데스크 업무를 병행해야 했다. 자연스레 데스크 업무를 같이 보게 되면서 진료실보다는 데스크가 잘 맞는다고 생각이 들었고, 아직 실장으로는 이른 4년차부터 실장 면접을 보기 시작했다.

    연차가 어려 면접 시 실장으로는 어렵다는 소리를 계속 들었는데, 막상 실장 자리를 맡게 되었을 때는 내가 감당할 수 있을지 알 수 없어서 죄송하다 말하고 다시 나와 버렸다.

    실장을 포기한 것은 아니었다. 실장 자리에 갈 수 있도록 6~7개월간의 준비 기간을 가진 후 다시 실장 면접을 다녔다. 그 결과 5년차에 데스크 실장이 되었고, 15년차인 현재까지 치과 실장을 하고 있다. 그리고 13년 차부터 병원 전문 강사도 시작하면서 치과 일과 계속 병행해오고 있다.

내가 강사 활동을 하는 곳은 강사양성도 하지만 치과에 국한된 것이 아닌 병원의 전반적인 시스템 및 체계 구축을 위한 컨설팅도 하며, 주니어 컨설턴트도 양성하고 있다. 컨설턴트는 병원의 모니터링으로 문제의 원인을 찾아내어 솔루션을 도출하고 원장님의 철학과 방향성에 맞춰 병원의 시스템을 구축할 수 있도록 도와주는 업무를 한다.

다온을 처음 만났을 당시 나는 총괄실장으로 병원경영 업무를 담당하고 있었기 때문에 컨설팅에도 관심이 갔었다. 그렇지만 관심이 있다고 해서 다 할 수 있는 것도 아니었고, 어려운 분야이기 때문에 망설였다. 이때도 대표님께서 이끌어주어 컨설턴트 과정을 진행하게 되었다.

2019년 12월에 과정을 수료한 후 수습 컨설턴트로 여러 병원을 모니터링에 투입되었지만 내가 생각했던 것보다 훨씬 어려웠다. 치과 일과 병행하는 것도 쉬운 일이 아니었고 그런 시간이 쌓이다 보니 올해 초 번아웃이 찾아왔다.

열심히 확장해 왔지만 내가 가고자 하는 길이 맞는지 혼란스러워 두 달간 모든 일을 중단했다. 그 뒤에는 아예 놓아 버릴까 하는 생각도 들었다. 그럴 때 가족, 친구, 대표님, 강사님들이 조언과 격려를 해주며 포기하지 않도록 나의 마음을 다독여 주었다. 그래서 정신 차리려 부단히 노력했고, 스스로 너무 옥죄지 않고 조금 내려놓기로 했다. 마음을 내려놓으니 일이 다시 보이기 시작했고 현재는 장기 프로젝트에 참여하여 주니어 컨설턴트로서 일하고 있다.

마지막으로 나는 작가로도 활동하고 있다. 강사 및 컨설턴트 과정을 이수하면서 도움이 될 책을 읽는 것을 중요하게 여겼다. 그래서 좋은 책들을 공유해주고 읽어보며 자기 생각을 말하는 시간을 많이 가졌다. 나는 평소 책을 잘 읽는 편이 아니었고 '죽기 전에 책 한번 내봤으면 좋겠다.'라는 막연한 생각만 했었다. 그러나 책을 계속 접하고 해봄 독서 모임에도 참여하면서 나도 모르게 스며들게 되었다.

그러던 중 개인 브랜딩을 위해 블로그를 시작하게 되었는데 '글을 좀 더 잘 써보자'라는 생각으로 해봄 글쓰기 과정을 통해 본격적으로 글을 쓰기 시작했다. 그렇게 한 꼭지씩 써 내려간 글들이 모여《난생처음 사회생활》이란 책이 세상에 나오게 되었다.

첫 책을 시작으로 지금도 계속해서 책을 쓰는 도전을 하고 있고 저자로서 최종 목표는 치과 전문서적을 출판하는 것이다.

N잡러를 하기 위해
무엇을 준비해야 할까?

어떤 분야를 시작하든 관심과 행동, 의지가 필요하다. 그래서 치과 위생사분들이 진출한 다양한 분야를 책으로 간접 경험도 해보고, 선배에게 조언도 구해보면서 나의 관심 분야를 찾는 것이 중요하다. 강사가 되고 싶다면 나는 어떤 강사가 되고 싶은지도 생각해 보고, 강사를 양성하는 단체에 들어간다고 한다면 어떤 곳이 나와 잘 맞을지도 알아보는 것이 필요하다. 책을 쓰고 싶다면 어떤 분야의 책을 쓰고 싶은지, 내가 쓴 책을 어떤 사람들이 봤으면 좋겠는지, 내가 쓰고자 하는 분야의 책들은 어떤 식으로 쓰였는지 관심을 두고 찾아봐야 한다.

나의 경우, 세미나를 듣고 인연이 되어 강사과정 수강을 신청했고, 5주간의 교육을 거쳐 40분짜리 강의를 기획했다. 그리고 한 달 뒤쯤 대표님, 이사님들, 선배 강사님들 앞에서 강의를 진행하였고 이 과정까지가 강사과정 수료증을 발급받을 수 있는 조건이었다. 그 후에 40분짜리 강의를 3시간으로 만들어 실제 수강생을 모집해서 강의를 열었을 때 강사 자격증이 발급됐다. 4월에 강사과정을 시작해서 그해 11월에 수강생을 모집했고 첫 강의를 열었기 때문에 6개월이 지나서야 강사 자격증을 받을 수 있었다.

《난생처음 사회생활》의 출간도 글쓰기 과정을 통해 8월부터 12월까지 글을 쓰면서 피드백을 받았고, 피드백 받은 부분을 참고하여 수정해가며 진행했다. 모든 꼭지의 글을 다 쓴 뒤 퇴고를 2~3번 반복하고 나서, 수십 개의 출판사에 투고했다. 투고 후 연락 온 출판사와 조건을 조율한 후 계약하여 책이 만들어지는데, 창작시대 출판사는 정말 빠르게 진행하는 곳이어서 1월에 계약해 3월 말에 책이 출간되었다. 7개월 정도의 기간이 소요되긴 했지만, 글을 쓰고 출판까지의 기간이 1년 이상 걸리는 경우도 많다. 강사를 시작하고 싶거나 책을 쓰게 된다면 마음의 여유를 가지고 진행하길 바란다.

이제 내가 하고 싶은 일이 정해졌다면 일단 시도해 보자. 현대 경영학의 창시자인 피터 드러커(Peter Drucker)는 "계획은 즉각적으로 열심히 수행되지 않으면 그저 좋은 의도에 지나지 않는다."라고 말했다. 모든 일은 행동으로부터 시작되는 것이기 때문에 일단 도전해 보는 거다. 도전해서 시작하게 되었다면 포기하지 않는 의지가 필요하다. 첫술에 배부를 수 없고 한 번에 이루어지는 건 없다. 《메신저가 온다》의 저자는 메신저가 되고 싶다면 3년이란 시간을 반드시 견디기를 바란다고 말했다.

《내 인생 5년 후》의 저자는 어떤 일을 하든 간에 5년 정도 포기 없이 하고 있다면, 그만큼 성공할 확률이 높아진다고 말했다. 그만큼 꾸준히 오랜 시간을 지속할 수 있어야 한다.

마지막으로 꿈 친구를 만들었으면 좋겠다.

나는 본격적으로 치과 일과 강사 일을 병행한 지 3년이 되어간다. 중간에 힘들고 포기하고 싶은 순간도 있었지만, 서로 격려도 해주고 이끌어주는 꿈 친구가 있어서 같이 목표도 세우고 실행하며 나아갈 수 있었던 것 같다. 그렇게 달려오다 보니 이렇게 치과 위생사분들의 꿈과 성장을 위한 책에도 참여하게 되었다. 한 우물을 포기하지 않고 파다 보면 분명 인생의 터닝 포인트가 열릴 거라 생각한다.

설렘을 쫓아 성취감으로 나를 성장시키다

사회초년생 때는 모든 것이 처음이라 잘 몰랐는데, 연차가 어느 정도 됐을 즈음 한 직장을 1년 정도 다니면 그 환경에 너무 익숙해져서 업무가 지루하게 느껴졌다. 그러다 보니 일에 대한 의욕과 열정도 떨어지곤 했다. 그래서인지 오래 다녔던 직장이 3년 정도였고, 짧게는 1년 터울로 이직을 했다. 이직하기 위해 면접을 다니는 것이 설레었고, 새로운 직장에 들어가면 환경이 바뀌니 긴장되긴 했지만 다른 것을 배우고 새롭게 시작하는 것이 즐거웠다.

그러다 치과 업무 외에 강사를 시작하면서 수강생들을 위한 교육자료를 만들어가고, 내가 만든 자료들로 진행한 강의가 좋은 평가를 받을 때 만족감과 성취감을 확연히 느낄 수 있었다. 이 기분은 치과 일에도 영향을 주기 시작했다. 치과에서 내가 하는 업무들이 단순하게 일만 하고 끝나는 것이 아니라 다른 병원 종사자분들에게 전달해 줄 수 있는 정보와 교육자료가 되고, 나만의 포트폴리오로 완성된다는 것을 알면서부터는 치과 일에 좀 더 보람과 즐거움을 느끼게 됐다.

컨설턴트도 병원의 시스템 및 체계를 구축할 수 있도록 도와주는 일이기 때문에 내가 일하는 직장의 시스템이 잘 구축되어서 원활하게 진료가 돌아가고 있는지도 눈에 들어오기 시작했다. 모든 일이 1에서 1로 끝나는 것이 아니라 서로 연결되어 바라볼 수 있고 1에서 2가 될 수 있다는 것을 알 수 있었다. 그래서 선생님들에게 치과의 진료 스텝이나 실장으로서의 '나'에 머무르지 않고 더 성장할 수 있다는 것을 알려드리고 싶었다.

물론 치과를 다니면서 다른 일을 병행하는 것은 쉬운 일이 아니다. 배움의 비용과 시간도 투자해야 하고, 여유로운 생활도 전보다는 줄어들 수 있다.

그래도 N잡러를 꿈꾼다면 꿈을 현실화하기 위해 구체적인 목표를 설정하고 시간을 잘 활용하는 것이 필요하다.

"22년 9월까진 강사 자격증을 취득하겠어."

"22년까지 글을 완성하고 23년도 1월 31일에는 투고를 하겠어."

이렇게 내가 언제까지 무엇을 하겠다는 것을 구체적으로 정해야 실행으로 옮기는 게 좀 더 수월해진다.

그리고 To Do list로 오늘의 할 일의 우선순위를 정하면서 체크해 나간다면 시간도 좀 더 효율적으로 사용할 수 있고 성취감도 더 느낄 수가 있을 것이다.

이 글을 읽는 선생님들도 나와 함께 N잡러를 향해 달려보겠는가? 지금의 익숙함과 편안함도 좋겠지만 자신의 3년 뒤, 5년 뒤의 모습을 꿈꾸며 같이 성장해나갔으면 좋겠다.

꿈을 꿔라, 한 번도 실패하지 않은 것처럼

내가 치위생과를 다닐 때 치과에서 실장이란 직급이 가장 좋다는 말을 들었었다. 그래서 '실장이 되기 위해 어떻게 해야 할까?' 생각하다 코디네이터 자격증이 있으면 좋다고 해서 스물한 살 여름, 서울로 병원실습을 하러 갔을 때 강남에 있는 코디네이터 학원에 수업료 100만 원을 내고 다녔다. 그리고 실기시험과 이론시험을 치른 후 병원코디네이터 자격증을 땄다.

2년차 때부터는 진료실과 데스크 업무를 병행하면서 '나는 데스크가 잘 맞아'라는 생각이 들었고 이른 실장의 꿈을 꿨었다. 그때는 데스크도 어느 정도 볼 줄 알고, 코디네이터 자격증도 있으니 실장이 되는 것이 쉬운 줄 알았다.

막상 4년차 때 실장이 되고 나니 내가 감당할 수가 없다고 느껴져 하루 만에 도망쳤었다. 하지만 그 실장 자리에 맞는 사람이 되기 위해 다시 시간과 노력을 투자했고, 5년차에 꿈에 그리던 실장이 되었다. 실장이 된 후에는 강사의 꿈을 꾸게 되었고, 강사가 되고 나선 더 다양한 꿈들을 꿀 수 있었다.

내가 꿈을 꾸지 않았다면, 꿈을 생각에서만 끝냈다면 여전히 진료실에 있거나 실장으로만 머물러 있을 수도 있다.

꿈에서만 머무르지 않고 계속해서 행동으로 옮겨나갔고, 이뤄냈을 때 또 다른 꿈을 계속해서 꾸었다.

물리학자 알베르트 아인슈타인은 이렇게 말했다. "부의 격차보다 무서운 것은 꿈의 격차이다. 불가능해 보이는 목표라 할지라도 그것을 꿈꾸고 상상하는 순간 이미 거기에 다가가 있는 셈이다." 내가 생각하는 성공으로 가는 길도 반드시 이렇게 되고 싶다는 간절한 꿈에서부터 시작된다.

꿈을 꿔라. 그리고 시작하라. 한 번도 실패하지 않은 것처럼.

행동은 변화를 만들고 변화는 새로운 연결고리가 되어 또 다른 업무들로 확장될 수 있고 또 다른 꿈을 향해 나아갈 수도 있다. 자신이 좋아하는 일을 하는 것에만 그치지 말고, 내가 좋아하는 일을 성장시켜 나가는 치과위생사가 되기를 바란다.

언니들의
클라쓰

치과위생사 본캐와
부캐 사이

조수정

• 원광보건대학교 치위생과 겸임교수
• 함께하는치과 실장
• 대한치과위생사협회 서울시회 학술위원
• 치과보험청구사 1급 보유
• 원광보건대학교 치위생과 졸업
• 이화여자대학교 임상치의학대학원 구강
보건학 치위생학전공 석사

앞으로 더 드높아질 치과위생사의 위상과 행보를 기대하고, 꿈을 펼치고 싶지만 불안하고 막연한 미래 때문에 고민하는 분들에게 길잡이가 되어 주고 싶은 치과위생사이다.

★인스타그램 : chocrystal_
★이메일: sujung0214@naver.com
★블로그: https://blog.naver.com/
sujung0214

My career

이 글을 쓰는 지금, 사회초년생 시절 선배님들의 조언을 생각해 봤다.

잦은 이직은 이력에 좋지 않으니 한 병원에 오래 있는 것이 무조건 정답이라고 그때의 그들은 말했다. 하지만 시대가 많이 변했다.

'라떼'라는 단어를 꺼내는 순간 '꼰대'가 된다. 그럼 계속 버티고만 있었던 것이 억울하고 바보 같았나? 그것도 아니다. 여러 상황을 고려했을 때 일장일단이다.

자칫 치과위생사의 이직률을 높일 수 있는 일이 누군가에겐 더 넓은 견문과 시야를 갖게 되는 계기가 될 수도 있다. 또한 한 곳에서 오래 일하다 보면 우물 안 개구리가 될 수도 있다. 하지만 장기근속 직원에 대한 높은 신뢰도와 근 한 달가량의 연차와 같은 복리후생이 엄청난 장점으로 다가온다.

나는 올해로 11년차 치과위생사다. 지금까지 총 4번의 이직이 있었는데, 물론 그 중간의 쉼은 없었다.

전문직 분야는 기술만 잘 갈고 닦으면 취업은 잘 되니 이어서 쭉 달려왔다. 그래서 일에 대한 진심, 성실도에 있어서는 스스로 칭찬하고 싶다.

최근 한 분야에서 10년을 임하면 그 분야의 고수가 되어야 한다는 강의를 들었다. 1급 페스티벌이라고 치과보험청구사 1급 합격자 간 친목 도모 및 어드밴스 강의였다. 강사님께서 좋은 말씀을 많이 해주셨는데 고수의 정의로는 어떤 분야나 집단에서 기술이나 능력이 매우 뛰어난 사람을 뜻한다고 말했다.

치과위생사로서 고수에 반열에 올라있는지 묻는다면, '아직 아니'라고 말하고 싶다. 아직도 갈 길이 구만리다.

대학 시절로 거슬러 올라가 보면 당시 가정 형편이 넉넉하지 못했다. 장학금이라곤 40만 원의 과대표 장학금 한 번이 끝이었다. 성적장학금이 있었지만 같은 학년 150명 중 1등만 받을 수 있었다. 그러다 보니 아르바이트와 학업을 병행할 수밖에 없었고 저절로 전공에 소홀했다. 정신없이 지낸 것 같은데 학교생활은 끝나가고 있었다. 저조한 성적과 활발하지 못한 대외활동들이 늘 아쉬움으로 크게 남아 있었다.

오히려 졸업 후 임상에 활동하며 적성을 만들어갔다. 일을 하면서 진료와 경영에 스며들듯이 흥미를 느끼며 치과위생사라는 직업을 재해석하기 시작했다.

아버지처럼 보건직 공무원을 하는 것도 잠깐 생각했지만, 활동적이고 다양한 것에 관심이 있는 성격상 이내 마음을 접었다. 실질적인 치과 전문지식 공부는 치과보험청구사 3급 시험 통과를 계기로 시작되었다. 그때부터 치과 관련 각종 세미나를 찾아다녔다.

4년차 때부터 본격적으로 세미나의 세계를 알게 되었다. 개인적으로는 늦은 나이에 시작해서 뒤처지면 어쩌나 걱정도 했다.

하지만, 시간적 여유가 되는대로 세미나를 듣다 보니 그 속에서 만학의 꿈을 펼치는 분들이 많아 난 어린 편에 속했다. 또 강의를 듣는 사람들은 정해져 있다는 흥미로운 점을 깨달았다.

난 조금 더 탄탄한 기본기를 깔고자 심화 과정을 거쳐 대학원 석사까지 고려하게 되었다.

인생에서 마음을 같이하는 사람들을 만난다는 게 얼마나 큰 복인지 모른다. 당시 직장 내 동료, 대학 동기 포함 내 주위 치과위생사들은 배움과 성장에 관심이 없었다.

공부에 열중했던 난 항상 혼자인 기분이었다. 그런데 대외활동을 통해 비슷한 가치관을 가진 사람들을 만나게 된 것이다.

그 사람들은 의료 봉사와 대학원을 통해 만날 수 있었다. '스마일재단'과 '닥터 자일리톨 버스'를 통해 이동 진료 차량에서 즐거운 봉사활동을 함께 했고 석사 시절엔 마음이 맞는 동기들을 만나 즐겁고 건설적인 대학원 생활을 마칠 수 있었다.

대학원을 졸업한 후, 나름 열심히 달려온 결과가 선물처럼 다가왔다. 한국종합교육원에서 치과병원 코디네이터 강의를 제의받은 것이다. 과거 치과 홍보 동영상을 촬영한 적이 있는데, 우연히 블로그 영상을 보고 연락을 주셨다. 당시에도 직원 대부분이 거부하던 일이었지만 나는 굉장히 재밌게 촬영했던 기억이 난다.

사소한 행동부터 시작하다 보면 인생의 큰 변화를 맞이할 때가 온다. 그때를 시작으로 정말 행운인지 적정한 기회가 되어 모교에서 대학 강사 직까지 얻을 수 있었다.

치과보험청구사 자격은 마치 도장 깨기처럼 3급과 2급을 거쳐 1급까지 취득하였다. 3급과 2급 보험 청구 공부는 늘 삭감 없는 청구 과정에서 참 많은 도움이 되었다. 주변에 질문 요청에도 대답해 줄 수 있어서 큰 기쁨을 느꼈다.

반면에 1급 시험은 공부 범위를 알 수 없어 2번을 낙제했다. 현재의 전반적인 치과 동향을 다 파악해야 했다. 바뀐 상병은 물론 보건행정과 자율시정통보, 현지 조사까지 전부 다 알아야 했다.

주위에서 1급 시험은 이력에 도움이 되지 않으니 중간에 그만 포기하라곤 했다. 하지만 난 시작하면 끝을 보는 성격으로 포기라는 말에 자존심이 상했다. 결국, 세 번째 도전 끝에 합격한 1급 치과보험청구사 자격은 데스크에서 내가 인정받고 한 층 더 성장할 수 있는 계기로 작용했다. 나에겐 이 자격이 노력의 결실이자 고마운 존재다.

현재의 나는 본 저서 집필과 같은 다양한 대외활동을 포함해 임상 근무와 병행 중인 N잡러 치과위생사다.

〈롯데제과 제공〉

부캐를 위해 필요한 것들

대학에서 강의를 하려면 일단 임상경력과 관계없이 치과위생학과 4년제 졸업 또는 전문 학사 졸업 및 심화 과정 이후 대학원 과정을 밟아야한다.

내가 다녔던 임상치의학대학원은 외래진료가 끝난 후 수업을 하시는 교수님들이셨는데, 치과의사를 대상으로 하는 수업과 비슷해 원어로 된자료와 강의가 많았다.

개념적으로 이해하고 있던 이론에 대해 심층적으로 배울 수 있어 흥미로웠고 아는 만큼 보이게 되었다. 대부분의 대학원에서 입학 시 또는 졸업 시 토익 점수를 요구하지만, 점수 조건이 없는 학교도 있다. 하지만 영어로 된 레퍼런스를 읽기 위해서는 영어 공부가 필요하다. 그리고 대학원졸업을 위해선 종합시험도 통과해야 하고 학위논문도 필요하다. 스스로연구할 주제를 생각해야 하기 때문에 향후 면학 계획서를 써보는 것도 좋다. 확실히 학부생 때보다 다부진 마음가짐이 필요하다.

그중 가장 필요한 준비는 많은 학비로 꼽고 싶다.

서울에 있는 대학원의 평균 학비는 600~800만 원 선이다. 지방으로내려가면 300~500만 원대로 확 줄지만, 선배들은 대학원은 서울로 가야한다고 조언한다.

다들 만류하던 일이기도 했고 더 이상 부모님께 손 벌릴 수 없는 나이기에 난 임상 근무를 하면서 성적장학금을 받고 다녔다. 이마저도 없는 곳도 많다. 전일제 대학원생으로 교수님의 연구를 돕고 학비를 전액 받는 경우도 있지만 그렇게 다니면 임상 근무는 할 수가 없다.

대학원까지 마음먹고 올 정도면 공개 발표의 가능성을 염두에 두어야 하고 발표능력도 중요하다. PPT 활용 능력도 마찬가지다. 원내 직원 교육을 해본 사람이라면 알겠지만, 강사로 누군가를 가르친다는 것은 엄청난 열정과 에너지가 필요한 일이다. 준비하는 과정부터 강의할 때, 강의 후 피드백까지 모든 순간 같은 마음과 단단한 각오로 임해야 한다.

노력 대비 강의료는 많진 않지만 돈을 생각하고 강의를 할 수 없다.

한 사람을 완전하게 이해시키는 데 목적이 있고 자신감과 열정으로 교육을 해야 한다. 그렇게 켜켜이 쌓인 업력은 듣는 사람에게도 분명 진심으로 닿을 거라고 생각이 든다.

관련 세미나를 통해 치과 지식의 기반을 마련하는 것 또한 많은 도움이 된다. 내가 세미나를 들을 때만 해도 돈을 주고 듣는 경우가 많았지만 지금은 유튜브에 각종 치과 관련 영상이 화수분처럼 쏟아지니 참고해 볼 만하다.

본캐 치과위생사의 매력

주변에 대기업을 다니는 지인들이 많은데, 그들은 마음속에 사직서를 가지고 다니는 경우가 많다. 하지만 막상 회사를 그만두면 갈 곳이 없다는 생각에 출산 후 복직하는 경우가 대다수다.

그에 반해 비교적 쉽게 취업이 가능한 치과위생사는 이 점이 최대의 매력이 아닌가 생각한다. 특히 연차가 어릴수록 이직을 통해 다양한 경험을 해볼 수 있다.

병원급으로 취업하게 되면 수술방에서 채혈과 자가혈치료술, 수면 마취 심지어는 양악 수술까지 경험해 볼 기회가 생길 수 있다. 하지만 외국인을 포함해 다양한 케이스의 환자가 많고 봉직의들의 진료 스타일까지 다 고려해야 하니 이게 장점이자 단점이 될 수 있다. 규모가 큰 병원일수록 팀장급은 어레인지(arrange)에 신경을 써야 하니 정신 차리고 일하지 않으면 큰 낭패이다.

큰 병원의 당연한 특징은 사람이 많다는 점이고 많은 사람이 있는 만큼 말이 많다는 당연한 단점이 있다. 특히나 뒤에서 남의 얘기를 재미 삼아, 도마 위에 올려놓고 왈가왈부하는 일부의 몰상식한 사람들 때문에 힘들어질 수 있다.

최근 사람의 성격을 16가지로 분류한 MBTI 성격유형 검사가 유행이다. 재미 삼아 해본 내 성격유형은 I(내향형), N(직관형), T(사고형), J(계획형) 형이다.

INTJ 유형은 목적 달성을 위해 열심히 하고 본인의 관심사에 헌신적인 장점이 있는 반면 관심 없는 일에 완전히 무관심하고 너무 객관적으로 판단하여 공감 능력이 떨어진다는 단점이 있었다.

성격검사로 100% 사람을 판단하기는 어렵지만, 나의 성격을 정확히 파악하는 계기가 되었다.

취업을 준비하고 인간관계에 대해 궁금함이 있다면 본인의 성격유형을 먼저 파악해 보라고 꼭 말해주고 싶다. 불공평하고 복잡한 인간관계에 묶여서 불편하게 지낼 필요가 전혀 없다.

지지하는 사람과 마음에 들지 않는 사람, 어느 쪽에 마음을 둘 것인가.

월 to 금으로 주5일제 근무를 하는 일반 직장인과 달리, 토요일에도 진료하는 치과는 평일에 비번을 쓸 수 있다. 임상 치과위생사라는 직업에서 그 점이 나에게 아주 큰 장점으로 다가왔다.

덕분에 본캐와 부캐 사이를 오가는 멀티플레이어로서 나의 커리어를 쌓았다. 이 점은 임상과 함께 대학원을 마치는 데에도 큰 도움이 되었다.

물론 우여곡절도 많았다. 졸업 전 마지막 논문 학기에는 결혼 준비까지 겹쳐서 그 속에서 힘들어하는 나에 대한 평가가 이기적인 사람과 열심히 사는 사람으로 나뉘었다. 모든 사람을 만족시킬 수 없다. 특히나 직원이 많은 병원일수록 더 그랬는데 아무래도 사람이 많다 보니 그 속에서 온갖 해석이 난무했다.

진심으로 축하해 주는 사람들도 많았지만, 말은 안 해도 당연히 민폐라고 생각하는 사람들도 있었을 것이다. 그럴수록 난 타인의 평가에 마음을 쓰기보다 중심을 잡고 업무에 차질이 생기지 않도록 집중했다. '삶의 가치관과 운명이 다른 사람끼리 모였으니 각자 목표를 이루는 방법이 다르구나, 내 방식과 방향에 문제가 없다면 음해하고 비방하는 사람들의 이야기에 귀를 기울이지 않는 것이 최선이겠다.'라는 결론을 내렸다.

　　내 생활방식이 마음에 들지 않는 사람도 있었지만, 함께해주고 지지하고 응원하고 배우려는 사람도 있었다.

　　현재는 임상에서 열심히 활동하고 공부하며 교육자의 길을 준비하는 중이다. 치과위생사의 매력은 부캐에 도전해도 다시 돌아갈 친정 같은 곳이 있다는 든든함이다.

원하는 포지션 찾기

 치과위생사는 면허증을 취득하게 되면 구강용품 및 치과 기자재 회사 등에 들어가 제품 개발과 마케팅, 영업 등을 담당할 수도 있는데, 치과위생사로서 나름 이력이 많다 보니 여기저기서 연락이 많이 온다. 오스템 임플란트, EMS Korea, 푸르고바이오로직스, 한국치아은행 등 치과 재료 관련 회사의 연구직을 헤드헌터를 통해 많이 제안받았다. 성실하게 쌓아온 경력을 좋게 봐주신 점은 감사하다.

 하지만 막상 면접을 보면 서비스직이 아닌 영업직에 필요한 화술과 그 직종에 관한 비슷한 경력이 없다 보니 마지막 관문에서 떨어졌다. 20대 젊은 혈기로 가득한 열정페이가 아니라? 결혼을 해서? 잘 모르겠지만 기업의 경쟁적인 상황에 아직 많이 부족한 셈이다. 하지만 가장 큰 이유는 그동안 기껏해야 치과의사 한 명 또는 실장님들과 면접을 봐온(물론 대학병원은 예외) 치과위생사로서 여러 명이 심사하는 압박 면접에 익숙하지 않으니 기업의 면접에 취약하다는 거였다. 나처럼 사전에 철저한 준비 없이 간다면 완전히 낭패를 볼 수 있다.

구인 구직 사이트에 올려놓은 이력서로 연락이 올 때마다 든 생각인데, 세상에 치과 관련 직업은 정말 많다. 한 번은 생명보험협회(공기업)에서 연락이 와서 깜짝 놀랐다. 맡게 될 업무는 치과 관련 의료분석(전산 자료 등)이라는데, 매일같이 환자에게 치과 사보험 처리를 해주던 나로선 신기하고도 생소한 직업이라 흥미로운 제안으로 기억한다.

국가고시를 보고 임상에만 갈 수 있을 거란 생각을 했던 내가 바보 같았다.

여러분에게 무조건 가고 싶거나 마음에 드는 기업이 있다면 철저한 기업분석과 절실한 취준생의 마음으로 면접을 볼 것을 추천한다.

1년차 시절 우리가 일명 독방이라고 일컫는 상담실에서 종일 보험 청구만 하던 팀장님이 계셨다. 당시 매일 쏟아지는 환자를 보기 급급해서 월말 즈음에 한꺼번에 청구를 했다. 그러다 보니 마치 보험 청구 담당자처럼 그 가치를 존중받게 되었다. 2018년 치과 의원 월평균 급여 평균액은 1,080만 원이다. 앞으로 노인 임플란트 인정개수와 광중합형 충전치료 보험급여 대상 연령이 확대된다면 치과 보험 청구 월평균 2천만 원 시대가 올 수 있을 거라고 생각한다.

앞으로의 건강보험료가 흑자가 계속될지도 우려가 되는 상황 속에서 치협에서 개원의을 포함한 치과의사 회원들에게 보험교육은 꾸준히 실시하고 있다. 이제는 과거처럼 치과 보험 청구가 실장님만의 몫이 아니다. 사람이 하는 일이라 실수 또한 발생할 수 있으니 두 번, 세 번 재확인할 필요가 있고 여러 사람이 보는 것이 좋다.

요즘은 청구프로그램 자체에서 오류를 잘 걸러주고 있다. 직원들도 원장님도 다 같이 공부하고 발전하고 있다. 치과 보험 청구 공부는 선택이 아닌 필수인 것이다.

의료보험 제도의 엄청난 발전과 장기적인 경제 침체, 개원가의 과포화 상태가 많은 이를 급여항목으로 눈을 돌리게 된 계기가 되었다. '치건사모' 카페 활동, 치과건강보험연구소, 각종 강의 플랫폼, 유튜브에서 개인 사업자로 활동도 가능하니 그 가치가 무궁무진하다. 더 깊게 들어가면 대한 치과의사협회 요양기관 청구 업무 지원센터, 심사평가원이나 건강보험관리공단, 기업 산하 보험 청구 강의도 다닐 수 있다.

나의 경우 원내 보험 교육, 재심뿐 아니라 급여 등록과 취소, 자동차보험을 맡게 되면서 노무, 세무 관련 데스크 전반적인 행정업무를 다 볼 수 있게 되었다. 매년 바뀌고 신설되는 보험 청구 산정기준을 수준 높게 숙지해서 원하는 포지션을 얻길 바란다.

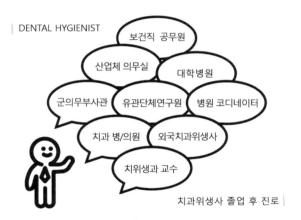

| DENTAL HYGIENIST

보건직 공무원

산업체 의무실   대학병원

군의무부사관   유관단체연구원   병원 코디네이터

치과 병/의원   외국치과위생사

치위생과 교수

치과위생사 졸업 후 진로 |

한국에서 치과위생사에 대한 인지도는 점점 높아지고 있다. 하지만, 대중적으로 간호사, 간호조무사, 치과기공사 등과 아직 명확하게 분리되어 폭넓은 인지도를 형성하지는 못한 것 같다.

미국, 유럽 등 선진국에서는 치위생사의 역할이 매우 크다. 유에스 뉴스 앤드 월드 리포트에서 2015년 미국의 10대 유망 직종을 꼽으며 치과위생사를 5위에 올려놨을 정도로 연봉도 7만~8만 달러나 되는 고소득 직종이다. 그만큼 미국에서는 치과위생사가 치과의사와 별도로 환자와 약속을 잡고, 전문적인 치위생 진료를 한다.

우리나라에서도 치과위생사가 치과 진료나 환자 상담·교육 등을 맡고 있지만 미국, 캐나다 등과 비교해서는 영역이 넓지 않다. 우리도 치과위생사의 고유업무에 대한 영역을 넓혀나간다면 전문적인 치위생 진료는 물론 의료인화 현실로도 성큼 다가갈 수 있겠다.

코로나19로 모든 학회, 보수교육이 취소된 탓도 있지만, 치과위생사 회원의 치과위생사협회에 대한 반응이 너무 냉랭하거나 언짢아하는 경우를 많이 보았다.

심지어 협회 가입률도 타과에 비해 너무 저조하다. 그도 그럴 것이 현 중앙회와 협회는 너무 혼란스럽다. 나름 치과위생사협회 평생회원이자 서울시 치과위생사회 학술위원으로서 자부심이 있다. 혼란스러운 소식을 들을 때면 속상할 따름이다.

뭉쳐야 힘이 커질 텐데, 서로 비난만 하고 있으니 말이다. 회원들이 현 상황을 잘 알 수 있도록 투명하고 공개적으로 볼 수 있다면 아마 조금 더 적극적으로 관심을 보이는 회원들의 목소리가 들리지 않을까 생각된다. 우리의 직업이 단지 돈을 벌기 위한 수단이 아니라 스스로 사명감과 자부심을 가질 계기가 필요하다.

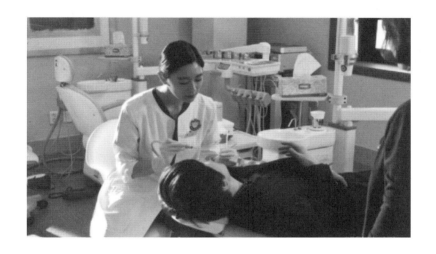

그동안 나는 단지 조금 더 유명한 사람이 되어 치과위생사라는 직업을 널리 홍보하고 싶었다. 그리고 그 꿈에 발판이 되고자 차곡차곡 발전을 해왔다. 그 과정에서 무엇이든 알리고 말하는 것을 좋아하는 나에게 교육자의 길이 너무 잘 맞는다는 점을 발견할 수 있었다.

강의는 생각보다 많은 체력을 요구했는데, 난 그 속에서 희열을 느꼈고, 다른 적성을 만들어가는 중이다. 아직 많이 부족하고 부끄럽지만 현재로서 최종 목표는 치위생과 정년트랙 교수다.

석사 시절 치주과 교수님 밑에서 골다공증과 치주 질환의 상관관계에 대한 연구를 논문으로 작성했다. 실험 논문도 좋지만 지금은 사실 임상 치위생과 예방치학 분야에 관심이 더 있다.

특히나 코로나19가 심각했을 시기는 예방이 얼마나 중요한지를 더 보여주었던 계기가 되었던 것 같다. 그래서 예방과 관련된 용품 또는 제제들의 연구와 포괄적 구강위생 서비스가 필요한 시점이라고 생각한다.

스스로 진심을 잃지 않고 늘 새로운 도전을 시도하고 싶다. 여성이나 치과위생사로서의 한계가 아닌 다방면으로 팔방미인이 되어 이 직업을 널리 알리고자 노력할 것이다. 체력이 되는 한 해외 봉사도 다니며 N잡러를 평생 이어가고 싶다.

주저하는 치과위생사를 위해

인생에 기회가 올 때마다 망설이지 않고 잡는 편이다. 인생은 타이밍이라 임상에서 본인의 가치관과 맞는 오너를 만난다는 것 또한 천운이다. 그 이유는 치과의사와 치과위생사의 사이가 인간 대 인간이기 전에 먼저 고용주와 사용자 간의 갑을 관계이기 때문이다.

사회 안에서 직업을 통해 만나 돈이 얽힌 관계는 늘 위험하다. 물론 짧은 인생을 산 나로서 감히 내릴 수 없는 결론이기에 참고만 했으면 좋겠다.

감정적인 측면을 빼고 이성적이고 합리적인 관계로 봐야 한다.

너무 과하지도 너무 무심하지도 않은 그런 적정한 관계가 꾸준하게 선을 지키면서 에너지를 나누어 사용하는 것이 현명하다.

그러면 소중한 것과 소중한 사람에게 더 잘할 수 있는 여유가 생긴다.

가까울수록 적당한 거리를 두며 항상 서로 존중하고 신의를 꾸준히 쌓는 것이 중요하겠다.

나 또한 아직도 성장 중이며 매일 반성과 깨달음을 반복하는 한 사람일 뿐이다.

오늘 고치지 않고, 내일이 있다고 하지 말라.

답을 정하고 시작하지 말고 자신을 믿고 용기를 내서 일단 행동하자. 그렇게 되면 해답이 나올 것이다.

밖으로 한 발을 내디딜 용기가 없다면 막막한 두려움 속에 자신을 내버려 두지 말고 자신을 믿어보란 말이다. 막상 문 열고 나와도 별일 없더라는 좌충우돌 열정쟁이 조수정의 경험담이다. 그리고, 후회 없이 노력해라.

"꾸준한 노력은 배신하지 않는다."

글로벌하게 노는
치과위생사

김경희

- Zen's Hospital Dental clinic intern in Fiji Islands.
- 전) 창원 한양대학교 한마음 종합병원 치과위생사
- 현) DIO Implant Canada 재직 중
- 마산대학교 치위생과 졸업
- 마산대학교-전공심화과정, 치위생학과 졸업.

한국에서뿐 아니라 해외 어디 가서든 치과위생사로서 일할 수 있다는 걸 직접 증명해내고 싶고 해외 치과위생사에 대한 막연한 희망을 자신의 현실로 실현시킬 수 있도록 돕고 싶은 치과위생사 김경희입니다.

★인스타그램 : emma_in__canada
★이메일 : goflgmldi@gmail.com
★유튜브 : youtube.com/channel/
UCCk_UsHFAZVetdXyc7A6PHQ

나는 공부를 잘하지도 못하지도, 특정한 분야에 재능을 보이지 않는 평범한 고등학생이었다. 여고에 이과를 전공했으니 당연히 간호학과와 치위생과 중에 고민하다 3교대는 힘들다는 말을 듣고 치위생과에 지원을 하였다.

외국어를 좋아하여 진로를 고민할 당시 세계적으로 부상하고 있던 중국어에 꽂혀 중국어학과에 서류를 넣기도 하였다.

현실적인 이유로 결국 치위생과를 선택하게 되었다. 시작은 미약했지만, 시간은 빨랐다. 3년이 흘러 자연스럽게 어엿한 치과위생사가 되어 있었다.

치과위생사가 되고 나서

국시를 치고 합격통보를 받자마자 바로 도심 속 치과의원에 취직되었다. 면접 한 방에 바로 취업이 되어 대단한 사람이라도 된 것처럼 어깨에 힘이 들어갔다. 박봉이라고 소문이 나 있던 치과위생사의 월급도 전혀 문제 될 것이 없었다. 내 생애 100만 원 이상을 내 노력으로 벌어 본 게 처음이었기 때문이다. 나 자신이 정말 자랑스러웠다.

부모님도 병원에 취직해 돈벌이를 시작한 딸을 당신들의 자랑으로 여기셨다. 1년차로 두세 달쯤이 지나고 있을 무렵 한 가지 의문점이 생겼다.

왜 치과위생사는 아무리 노력해도 실장이라는 자리밖에 올라갈
수 없는 걸까?

물론 치과위생사가 치과에서만 일할 수 있는 건 아니었지만 눈앞에 있는 현실이 그렇게 보였다.

나는 욕심이 많았다. 열정도 있다. 하지만 용기는 없었다.

어떻게 더 높이 올라갈 수 있을까 생각만 하면서 살았다. 그러나 지금 1년차인 내가 할 수 있는 일은 열심히 1년차의 몫을 하는 것이다. 그렇게

열심히 치과위생사로서의 책임을 다했다.

실장님, 원장님, 다른 고년차 선생님들도 열심히 하는 내 모습을 어여뻐 여겨 주셔서 치과에서의 생활에 만족했다. 1년차까지 일하고 2년차부터는 학사학위를 따고 대학원을 가서 석사를 따고 더 열심히 해 박사까지 하며 대학교수가 되기로 마음을 먹었다.

매일 내가 대학교수가 되는 상상만을 하며 살았다.

10년 치 계획을 일주일마다 썼다. 그게 나의 낙이었다. 미래를 손으로 적어가며 이뤄가는 상상. 생각만 해도 너무 좋았다.

왠지 결혼도 잘 할 것 같았고 부모님도 좋아하고 미래의 내 아이도 엄마를 자랑스러워할 것 같았다. 그러나 일을 시작하고 8개월 뒤, 내 인생을 뒤바꿔버린 제안이 들어왔다.

해외로 나가게 된 계기

  1년차로 8개월 정도가 될 무렵, 여행을 무척이나 좋아하던 사촌언니가 어학연수를 떠난다고 했다. 나에게 같이 가지 않겠냐고 물었다. 바로 싫다고 했다. 나에게는 매일 꿈꾸는 확고한 10년 치 계획이 있었기 때문이다. 내년에 학사학위를 따고 후년에는 대학원을 가야 했기에 어학연수로 시간 낭비를 할 수가 없었다.

  서른 살 전에 꼭 강단에 서야 한다는 기묘한 고집이 마음속에 자리 잡고 있었고 그 꿈은 스스로 깨지 않는 한 깨지지 않을 불멸의 성 같은 것이었다.

  어느 날 미국에 사시는 이모가 거의 40년 만에 한국에 놀러 오셨다. 이모의 아들딸, 나에게는 사촌언니와 사촌오빠라는 사람들은 나와 조금은 닮아 보이면서 푸른 눈을 가졌다. 사촌은 자신의 삶을 나에게 보이는 것처럼 이야기해 주었다. 이야기를 들으며 이상하게 설레었다.

  다른 나라에서 온 가족들이라니 미지의 세계에서도 사람들이 잘 살고 있구나. 미지의 세계에서 살아보고 싶다.

  한국을 떠나서 살아보고 싶다는 마음이 자라나기 시작하더니 대학교수의 꿈이 작아지기 시작했다. 그날로 어학연수에 함께하자는 사촌언니의 제안을 바로 승낙했다.

| 피지 아일랜드에서의 치과위생사 |

어학연수를 가게 된 나라는 이름도 듣도 보도 못한 피지 아일랜드였다. 간다고 정한 뒤 그 나라에 대해 많이 찾아볼수록 매력적인 나라가 확실했다. 어느새 내 마음은 피지 아일랜드로 가득 차 있었다. 그래도 여전히 대학교수라는 꿈이 완전히 사라지지는 않았다. 결정된 연수코스는 어학연수 3개월에 인턴십 2개월이 포함된 약 5개월짜리 코스였는데 운이 좋게도 치과위생사 전공과 8개월의 치과 경력이 인턴십 할 기관을 정하는 데 큰 도움이 되었다.

피지 아일랜드 다운타운에 있는 병원 안 치과에서 일할 기회가 주어진 것이다. 한국 밖에 나와서 세상을 바라보니 정말 별의별 사람들이 많았고 별의별 일도 많이 겪었다.

다시는 겪고 싶지 않았던 일도 있었고 평생을 추억으로 기억하고 싶은 일도 있다. 세상을 보는 눈이 넓어지는 게 느껴졌다. 영어도 너무 재미있었다. 어릴 때부터 좋아하던 영어를 이렇게 생각지도 못하게 어학연수를 와서 배우고, 배운 걸로 외국인들과 생활하고 말이 통한다는 게 너무 신기했다. 평생 영어만 쓰고 살고 싶을 정도로 푹 빠졌다. 3개월의 어학연수 기간이 끝나고 인턴십을 하러 갔다. 피지 아일랜드의 치과 인턴십 생활은 한국에서의 치과 생활과 달라도 너무 달랐다.

피지 아일랜드는 개발도상국에도 끼지 못하는 자그마한 나라였기 때문에 한국과는 다를 거라고 예상은 했지만, 상상을 초월한 일들이 많았다. 치과에 체어는 딱 하나, 위생개념도 엉망이었다.

두 시간에 한 명씩만 환자를 볼 수 있었고 환자가 많으면 하루에 3~4명을 진료하는 게 전부였다. 어시스턴트는 아무런 덴탈 지식이 없는 사람이었다.

한국의 메디컬 인프라가 정말 좋다는 걸, 내가 얼마나 감사한 나라에서 살고 있었는지 깨달을 수 있었다. 치과에서의 치료방법을 단편적인 예로 들자면, 이가 아파 엔도를 하게 된 한 인도 아주머니가 있었다. 깜짝 포인트가 여러 개 있었는데 그중 하나는 혀가 보라색인 것이다. 피부 색깔에 따라 혀 색깔도 다르다는 걸 알았다. 두 번째는 엔도를 마취 없이 하는 모습이었다. 한국에서는 상상도 못 할 일이다. 마취를 하지 않는 이유를 물었다. 마취를 하면 감각이 없기 때문에 치아가 살아 있는지 없는지 확인이 안 되어서라고 의사가 설명했다. 이상하게 환자들은 그러려니 하며 고통 속에서 얼른 치료가 끝나기만을 기도하며 엔도를 잘 받았고 의사에게 고마워했다. 정말 모두 한국에 데려가서 어떻게 진료하는지 한번 보여주고 싶었다.

다음으로 놀란 현실은 나이가 열 살이든, 스무 살이든 충치가 있는 치아가 구치부든 전치부든 엔도 받을 돈이 없는 사람은 무조건 발치한다는 거였다. 그 뿌리가 얼마나 길고 건강한지 잘 뽑히지도 않는 치아들을 돈이 없다는 이유로 그냥 발치했다. 뽑고 나면 평생 나지 않는 치아라는 건 알고 있는지, 아직 생명력이 있는 치아가 아깝지는 않은지 궁금했다.

당장에 자기를 괴롭히던 그 고통이 없어져서 앓던 이 뺀 심정으로 후련해하고 있는지 생각은 알 수 없지만 아주 충격적인 충치 해결방법이었다.

한국에서 태어난 걸 정말 감사하게 여길 수 있는 이유가 늘어난 피지에서의 인턴십 경험이었다. 충격적인 치과 생활을 제외하고는 피지에서의 생활이 너무 좋았다. 피지사람들도 좋아서 피지치대를 졸업해 치과의사가 되기로 했다.

열심히 대학을 찾아다니며 어떻게 하면 치대에 들어갈 수 있는지 발품을 팔아본 결과 피지에서 우수한 성적으로 고등학교를 졸업해야 했다.

그나마 이 방법이 나에게 적합하다고 생각하여, 이미 한국에서 대학교를 졸업했지만, 다시 고등학교 3학년으로 입학하기 위해 학교를 찾아가 보았다. 하지만 외국인을 고등학교 3학년으로 받아주는 학교는 흔치 않았다. 1년차 치과위생사로 8개월간 일해서 돈을 많이 모으지도 못했다. 일단 한국에 돌아가서 돈을 모은 뒤 다시 돌아오리라고 마음을 먹었다.

| 어학연수 후의 치과위생사 |

돈을 모으면 다시 피지로 가서 치대를 준비할 결심으로 한국에 왔는데, 막상 돌아오니 다시 한국에서 경력을 만드는 방향으로 바뀌었다. 그렇게 치과위생사의 본분으로 돌아가 치과의원에 취직했다. 꿈도 제자리로 돌아왔다. 대학교수 말이다. 어딘가 모르게 살짝 모양이 바뀐 꿈이 되었지만 그래도 바로 전공 심화 등록을 해서 학사학위를 땄다. 학사학위를 딸 즈음엔 의원에서 종합병원으로 치과를 옮기게 되었다.

그런데 말입니다, 이상하게 어학연수 전의 나로 되돌아갈 수 없었다. 확고하던 대학교수의 꿈이 자꾸만 희미해져 갔다. 계획대로라면 대학원을 가야 하는데 매일 어떻게 하면 해외에서 살 수 있을까를 고민하고 찾아보고 있었다. 결국, 얼마 지나지 않아 호주로 워킹홀리데이를 떠나게 되었다.

| 호주에서의 치과위생사 |

호주에서 무조건 치과위생사로 일하기로 마음을 먹고 워킹홀리데이를 떠났다. 호주는 한국에서의 치과위생사의 개념과는 조금 다르다. 의사 옆에서 보조하는 사람을 덴탈 어시스턴트, 환자에게 스케일링 등의 예방업무를 직접 해주는 사람을 치과위생사라고 한다. 나는 덴탈 어시스턴트로 일을 구했다.

그곳에서는 호주 치과위생사 자격증이 있는 사람만 치과위생사로 일을 할 수 있기 때문이다. 피지에서 한 번 일한 경험이 있었기에 나는 호주에서도 당연히 다 잘할 수 있을 거라고 생각해 기대에 부풀어 첫 출근을 했다. 하지만 생각과도 다른 현실이 마주하고 있었다. 한국인 치과의사가 있는 치과를 다니면서 수술 어시스트로 들어갔는데, 그곳에서는 한국 치과에서 일할 때 많이 쓰던 덴티움 키트와 임플란트를 쓰고 있었다. 퍼스트 어시스트는 많이 해서 자신이 있었지만 드릴을 잘 알아야 했던 세컨드 어시스트 일도 같이 해야 했기에 나의 무지함을 탓하며 조금 더 나를 재정비하는 시간을 가지기로 했다.

일이 내 뜻대로 흘러가지 않자 갑자기 모든 일에 자신감이 떨어지기 시작했고 치과위생사가 내 길이 맞나 싶은 마음이 들어 이것저것 닥치는 대로 많은 일을 해보기 시작했다.

그렇게 짧은 호주에서의 치과위생사 생활은 끝났다.

| 캐나다에서의 치과위생사 |

호주에서 나를 재정비하는 시간을 가진 뒤 이번에는 캐나다로 가기로 했다. 캐나다는 마지막 정착지가 될 예정이다. 10년을 돌고 돌아 캐나다로 오게 되었다.

한국 임플란트 회사의 캐나다 법인으로 현지 채용이 되어서 현재는 임플란트 회사 안의 치과위생사로 일을 하고 있다. 여기서는 임플란트 식립 플랜을 받아 캐나다 현지 의사들에게 보여주고 이 플랜이 괜찮은지 확인한다. 고치고 싶은 게 있으면 바꿔주고, 수술준비를 해주고 3D 프린터로 보철물을 뽑아 만드는 일을 한다.

임상에서 일하는 치과위생사가 아닌 임플란트 회사에서 일하는 치과위생사로서 이때까지 치과에서 일하며 쌓았던 노하우와 경력을 이용하여 새롭게 성장하고 있다. 그전에 했던 스케일링, 석션, 환자 응대와는 다른 일을 하고 있지만, 내가 준비한 수술이 잘 끝나고 예후가 좋다는 말을 들으면 일 잘하고 있구나 생각이 든다. 물론 힘들 때도 있다.

한 번은 수술 부위를 확인하는 과정에서 의사와 서로 소통이 잘 안 되어 임플란트 사이즈가 달라져 플랜대로 수술을 할 수 없어 중단 후 다시 수술한 적도 있다. 뜻대로 되지 않고 수술에 차질이 생기면 심적으로 굉장한 부담이 될 때가 있다. 아무래도 캐나다 임플란트 회사에서의 일은 부담감이 많은 편이라 피지에서의 인턴십과는 비교도 되지 않는 책임감을 느끼며 일하고 있다. 그래도 함께 해주는 동료들 덕분에 많은 위로가 된다.

해외 치과위생사가 되기 위한 노력

　나는 1년차 때 8개월이 지난 후부터는 계속 해외에서 살아가기 위해 달려왔다. 경험으로 미루어 보았을 때 해외 치과위생사로서의 삶에서 가장 중요한 것은 바로 영어이다. 사실 언어가 안 되면 아무것도 할 수 없다. 한인 치과를 갈 수도 있지만, 한인 환자만 오는 것이 아니기 때문에 영어는 필수이다.

　아주 원어민처럼은 아니더라도 일상적인 소통은 가능해야 한다. 나는 지금도 계속 언어의 장벽을 느끼고 부족함을 알고 있고, 지금 내가 하고 있는 일에서 언어적인 부분이 얼마나 많은 것을 차지하는지 뼈저리게 느끼고 있다. 해외에 살지만 영어 공부를 게을리하지 않고 있다. 한마디만 잘못 소통해도 수술준비가 잘못되고 환자를 평생 지옥 속에서 살게 할지도 모른다는 압박감에 긴장감을 늦출 수 없다. 잘못된 수술은 의사에게 평생의 죄책감을 심어 줄 수도 있다. 회사에는 막대한 손해를 입힐지도 모르기 때문이다.

　사실 해외에서 치과위생사로서의 삶은 어려움의 연속이다. 대부분의 나라는 우리나라의 치과위생사 면허증을 받아주지 않고 그 나라의 자격증을 따야 한다. 물론 우리나라 면허증으로 해당 나라의 시험을 칠 수는 있지만 그게 대학을 나오지 않고서는 합격하기가 어렵다.

앞으로 기회가 된다면 캐나다에서 치과위생사가 되기 위해 대학교를 다시 갈 계획이다. 이 모든 것을 할 수 있으려면 그 나라의 언어는 기본으로 할 수 있어야 한다. 만약 해외 치과위생사를 꿈꾼다면 꼭 영어공부를 하시길 바란다. 다음으로 중요한 것은 발품이다. 피지에서 인턴십 후 한국에 돌아와 해외 치과위생사가 되기 위해 정말 많은 정보를 찾아보았다. 매일 서점에 가서 관련 책들을 다 사서 보았고, 보수교육에 해외 관련 교육만 뜨면 그게 어디든 찾아갔다.

미국, 호주, 베트남에서 일하고 계신 분들의 강의를 듣고, 캐나다 직접 한국으로 와서 컨설팅해주시는 분들도 찾아갔다. 어디든 갈 수 있고 들을 수 있는 곳이면 시간과 돈을 아끼지 않았다. 그렇게 만나는 사람들에게 정보도 얻고 연이 닿아 치과에서 일할 수 있게 되기도 했으니 정말 원한다면 투자되는 돈과 시간, 노력을 기꺼이 써야 정보를 얻을 수 있다.

마지막으로 말하고 싶은 것은 용기이다. 앞서 말했듯이 나는 1년차가 되자마자 향후 10년간의 계획을 상세히 짜놓았다. 이것을 잠시 접고 어떻게 될지 모르는 시간을 투자하는 것은 큰 용기가 필요했다.

아마 미지의 세계를 경험에 한 발을 딛는 용기를 내지 않았더라면 지금의 글로벌한 치과위생사 김경희는 없었을 것이다.

친구들은 말한다. 너는 정말 대단하다고. 그렇지 않다.

누구나 영어를 배울 수 있고, 누구나 해외에서 치과에 구직활동을 할 수 있고, 누구나 임플란트 회사에서 일할 수 있다. 스스로 선택한 미래를 살려고 장애를 이겨내는 치과위생사에게 조금의 용기만 있다면 말이다.

겁먹지 말고 원하는 미래를 향해 눈 질끈 감고 도전해 보면
새로운 세상이 기다리고 있으니 용기를 내라고 말하고 싶다.

앞으로의 계획

앞으로 계속 캐나다의 임플란트 회사에 다닐 생각이지만 만약 용기를 내야 할 기회가 생긴다면 다른 나라로의 도전도 마다하진 않을 것이다.

나의 경험들을 이렇게 책으로 이야기를 전할 수 있고 누군가에게 꿈을 심어줄 수 있다면 그곳이 어디든 간에 달려갈 것이다.

한국에 잠깐이라도 들어가게 된다면 후배들에게 이렇게 사는 치과위생사도 있다는 걸 알려주고 싶고 도움이 필요하다면 가능한 모든 것을 동원해 도와주고 싶다.

요즘은 예전처럼 10년간의 계획을 짜진 않는다. 언제 무슨 일이 생길지 내일도 모르는데 어떻게 10년간의 계획을 짰는지 10년 전의 내가 참 귀엽다. 인생은 그렇다.

한 치 앞도 내다볼 수 없다. 이루고 싶은 게 뭔지 잘 생각해 보고 그걸 향해 최선을 다해 함께 살아가 보자.

언니들의
클라쓰

85년생
조지영

조지영

• 디엠플러스 홍보이사
• 경복대학교 치위생과 겸임교수
• 사랑이 가득한 치과의원 근무
• 마산대학교 치위생과 졸업
• 고신대학교 보건대학원 구강보건학 석사
• 고신대학교 일반대학원 보건과학과박사
  수료

진료실에서 환자의 마음까지도 헤아려 줄수 있는 치과위생사, 그리고 그것을 가르치는 치위생과 선생으로 있으며, 힘 있는 여자가 되고 싶은 욕심쟁이 워킹맘이다.

★인스타그램 : just1jy
★이메일 : just1jy@naver.com
★블로그 : https://blog.naver.com/
  blessed_jy

나비가 되기 위해 번데기를 탈출하다

명함에 적힌 치과위생사라는 직업이 말해주는 '나'와, 그 외 다른 부분에서 내가 가치 있는 사람인지 고민했다.

그 고민은 지금도 진행 중이다. 아마도 커리어와 학업 등 많은 걸 뒤로하고 6년째 이어 온 육아 때문에 상실된 사회적 자존감이 그 이유라 생각한다.

때로는 엄마로서의 역할마저도 부족하지 않은 건지 자괴감이 느껴지며 사회적 역할과 엄마라는 역할 모두에서 하향 평준화되어 있다고 느껴질 때는 모교의 교수님 말씀을 되새겼다.

"넌 지금 세상에서 가장 귀한 일을 하고 있는 엄마다."

당시 치과위생사와 겸임교수라는 커리어를 위해 주말부부로 생활하고 있었다. 어느 날 아빠와 살고 싶다는 아이의 말에 심란해진 채 일을 정리하던 나에게 교수님이 해주셨던 위로와 힘이 되는 말씀이었다.

나는 가장 큰 본업인 엄마 역할에 최선을 다해 마음껏 사랑을 담아 아이들을 어루만져주기로 다짐했다. 그렇게 하루하루를 버티며 '엄마'로 지내는 육아는 롤러코스터를 타는 것과 같은 감정을 선물했다.

시시때때로 아이의 사랑스러움과 소중함에 행복감을 느끼다가도 육아의 스트레스 한가운데 앉아있는 엄마만 있었고 '나'는 없었다. 일주일에 하루는 치위생과에서 강의를 하고 있었지만 더 지체하다가는 치과위생사인 나를 다시 찾을 수 없을 것 같은 불안함이 있었다. 아이들의 나이만큼 나의 경력단절 기간이 길어졌다. 속절없이 흐르는 시간이 주는 압박감에 불안했다.

새 학기를 준비하는 기간에 디지털 덴티스트리(Digital Dentistry)에 관한 강의 제안을 받았다. 4차 산업혁명이니 메타버스니 세상은 급격하게 변화하는데 그 순간 나만 제자리에 멈춰 서 있는 기분이었다. 임상에서 경험해보지 않았던 부분이라 자신 있게 "네! 하겠습니다"라고 할 수 없는 상황에 부끄럽고 화가 났다. 최신 치과 임상 트렌드에 뒤처지는 선생이 되지는 않을까 걱정되는 마음도 컸다.

치과위생사 면허증은 '타인이 바라보는 나'를 전문인으로 만들어 주었다. 기술을 가졌으니 언제든지 마음만 먹으면 재취업을 할 수 있는 사람이라 말했다. 결혼을 하고 육아를 하는 여자에게 치과위생사가 참 매력 있다고 생각했던 이유 중의 하나이다. 재취업률이 높은 직업이기에 경력단절에도 불구하고 면허증의 힘을 빌려 다시 용기를 낼 수 있었다. 그래서 아이들이 어린이집에서 보내는 일곱 시간 동안은 엄마가 아닌 치과위생사로 살아가기로 결정했다.

SNS를 통해 소통하는 치과위생사 후배 육아맘들도 나와 똑같은 고민을 하고 있었다.
'다시 임상에서 일할 수 있을까?'
'진료 술식이나 재료, 기구명칭이 생각 안 나는데 잘할 수 있을까?'

'동료 치과위생사들과 잘 지낼 수 있을까?'

'텃세는 없을까?'

'아이가 아프면 어떡하지?'

'아이를 어린이집에 보내는 시간에만 일할 수는 없을까?'

그들도 여러 역할을 감당하지 못할까 걱정되어 미리 겁부터 내고 있었다. 그런데 그게 뭐가 문제가 되겠는가. '내가 그렇게 되기를 원하면 그대로 행동하면 될 뿐이니 겁내지 말자'라는 생각이 들었다.

치과위생사 네이버 카페에서 '나도 왕년에 진료실에서 날아다녔는데, 선생님들이 텃세 부려서 너무 힘들어요'라는 내용의 글을 보고 다소 자신감을 잃은 적도 있다. 하지만 용기를 내어 일을 다시 시작했고, 예상만큼의 어려움이 있었다.

원장님의 눈빛만 봐도 척척 해내던 예전과 달리 행동과 판단의 속도가 느려진 것이 체감됐다. 나를 찾아 자존감을 높이고자 시작했던 일이지만 경력단절 기간을 감안해서 스스로 위치를 낮게 지정한 탓에 몸과 마음이 너무 피곤했다. 그때, 첫 취업을 앞둔 학생들에게 조언이랍시고 꼰대질하던 말들이 생각났다.

"자세와 마음가짐이 중요해. 배우려는 자는 겸손해야 하거든."

하지 말았으면 좋았을 것을……. 그래서 나는 어떠한 것도 내세우지 않기로 했다. 나의 경력은 넣어두고 그들에게 가르침을 청하는 자로서, 오직 다시 배우고자 하는 겸손한 마음가짐만 가지기로 했다. 진료실 안에서 치과위생사 조지영의 행복을 응원해주시는 선배 선생님들처럼 나 또한 후배 선생님들에게 '라떼'를 이야기하고 싶다. "넌 다시 할 수 있어!"라고 응원해주는, 먼저 깨달음을 얻은 선생이 되기 위해 임상으로 출근하고 있다.

엄마는 치과위생사

불구금옥중중귀, 단원아손개개현

不求金玉重重貴, 但願兒孫個個賢

"재물을 귀하게 여겨 구하려 하지 않고, 다만 자손 하나하나가 모두 현명하기만 바란다."

치과위생사 혹은 교수라는 이름표를 사용하고 싶어 아등바등 살아가지만, 세상 가장 귀한 것이 아이들인 엄마다. 수많은 재물을 쌓았다 하더라도 아이들을 현명하게 키우지 못하면 그 재물이 오히려 해가 된다고 한다. 아이들에게 금도 만들어 낼 수 있다는 자신감과 믿음을 키워주는 것이 중요하다고 전문가들은 이야기한다. 그 자신감과 믿음을 키워주는 사람은 부모이기에 엄마로서의 삶이 지금의 나에게 가장 큰 비중을 차지하고 있다.

육아가 큰 비중을 차지하다 보니 자연스럽게 영유아 구강 보건 교육에 관심이 많다. 솔직히 말하자면, 내 아이들의 구강 건강에 관심이 많은 것이다. '엄마인 내가 치과위생사인데 내 아이는 충치 하나 없을 거야'라고 자신했었다. 그러나 하늘까지 높았던 콧대가 꺾이는 일이 있었다. 불소도

포를 위해 내원한 치과에서 아이에게 충치가 있다는 이야기를 듣고 1차 충격, SS.Cr을 해야 한다는 이야기에 2차 충격을 받았었다.

'이 잘 닦으세요!'라고 교육하는 치과위생사의 딸이 SS.Cr을 하게 되다니 자존심이 상했다. 이러한 충격도 잠시, 어떻게 치료를 잘 받게 할 것인가 고민하기 시작했다.

나는 소아 환자를 반가워하지 않던 치과위생사였다.

"어머니! 이렇게 행동조절이 안 되면 저희 치과에서 치료받을 수 없어요. 어린이 치과로 데리고 가세요"라고 이야기하는 냉정한 치과위생사였다. 우는 아이들이 싫었기 때문이다.

그런데 엄마가 된 지영이가 달라졌어요. 치과에서 치료 잘 받는 예쁜 아이로 만들기 위해 집 안 저 구석 숨어있던 덴티폼과 기본기구를 찾았다. 실기시험 연습을 했던 10년도 더 된 내 친구들을 기꺼이 꺼내어 치과 놀이를 했다. "안녕, 우주야? 나는 시꺼먼 뮤탄스를 찾아다니는 뾰족한 탐험가라고 해"라고 하면서 말이다.

어른들도 무서워하는 치과이지만 아이들에게 치과는 무서운 곳이 아니라는 것을 알려주고 싶었다. 아이들이 거부감 없이 즐겁게 치과를 내원할 수 있다면 적절한 시기에 적절한 치료와 처치로 충치를 예방하고 건강하게 구강 관리를 할 수 있다. 그래서 아이들을 위해 치과와 친해질 수 있는 매개체로 그림책을 만들고 싶기도 하다.

나는 치과위생사 엄마가 되어서야 관심을 가지게 되었지만, 영유아 구강 보건의 중요성은 모든 엄마가 공감하리라 생각한다. 이 시기에 구강 건강 관리에 대한 지식을 잘 전달한다면 이에 대한 올바른 습관과 능력을 길러줄 수 있으며, 그 능력은 평생 구강 건강의 초석이 된다. 하지만 경험상 가정에서 올바른 습관을 길러주기란 한계가 있다.

이 닦기 싫어서 뛰어다니는 아이를 붙잡아 닦기 시작하면 칫솔을 깨물고 놓질 않는 등 양치가 전쟁이 되어 버린다.

얼마 전 33개월 둘째 아이가 사용하지 않는 전기 플러그를 그대로 꽂아두면 안 된다는 그림책을 보고 집 안의 플러그를 모두 뽑으러 다녔다. "안 돼! 엑스! 불나요!"라고 하면서 말이다. 그만큼 그림책을 통해 터득한 생활 태도는 자연스럽게 영유아의 삶에 반영되기 때문에 중요하고 매력적이다.

그래서 '아이들을 위한 색다른 재밋거리가 없을까' 고민하고 욕심내는 엄마이며, 영유아 구강 보건에 관한 그림책 외에도 다양한 콘텐츠를 기획하고 실행하는 치과위생사를 꿈꾼다.

아직은 마음과 관심뿐이지만 틀에 박힌 방식보다는 자유롭게 생각하며 다양한 분야에서 치과위생사로 살아가고 싶다. 진료실에서만 치과위생사의 가치를 나타내는 것이 아니라 영유아 구강 보건 교육을 비롯해 다양한 콘텐츠를 가지고 진료실 밖에서도 그 가치를 나타내기 위해 퍼스널 브랜딩에도 관심을 가지게 되었다.

"엄마처럼 언니들 공부도 가르쳐주고 치과에서 이를 치료해주는 치과위생사가 될 거야!"라고 여섯 살 딸 아이가 말한 적이 있다. 아이를 힘주어 안아주고 싶은 만큼 뿌듯했다. 한편에는 사명감에 마음이 무거웠다.

모두의 사명이 존중받아야 하고 귀하지만, 나의 기술과 소질을 단련해 후배들이나 환자에게 실천하는 귀한 사명을 실천하는 엄마의 모습을 보여줘야겠다. 벅찬 사명감 앞에 더욱 겸손해진다.

한 잔의 마음에 쏙 드는 라떼

1년차 올챙이 시절에 간식 심부름과 같이 진료시간에 병원을 벗어나는 일이 주어지면 신나게 다녀오던 기억이 있다.

지금도 마찬가지지만 낮 동안 치과가 아닌 다른 곳에 대한 로망을 가졌던 시기가 있었다. 외근이란 개념이 없는 직업이라 구강검진을 위해 기업체로 출근하는 날이면 마치 소풍 가는 날처럼 재미있었다.

고향인 창원은 눈 구경이 힘든 지역이라 밖에 눈이라도 내리면 강아지처럼 뛰쳐나가고 싶어 창문에 붙어 있었다. 하늘이 푸르고 높은 날은 날이 좋아서, 벚꽃이 흐드러지게 피는 날엔 꽃이 좋아서 창문을 바라보며 나가고 싶어 했다.

늘 똑같이 아침에 출근하고 저녁에 퇴근하는 틀에 박힌 병원 생활을 하다 보면 강의를 위해 학교로 출근하는 날은 바람 쐬는 느낌으로 설렌다. 환자가 아닌 후배들을 만나 필기시험 라떼를 마시고, 어떤 날은 실기시험 라떼를 마시며 그들의 미래를 응원한다. 특히 임상 이야기를 나눌 땐 후배들의 눈이 초롱초롱하고 재미있다. '라떼'를 마실 땐 시간 가는 줄 모른다.

빛나는 치과위생사가 되기 위해 집중하는 후배들의 모습을 마주하면 더 빛나는 선배이자 선생이 되고 싶은 마음이 든다. 더 많은 이야기를 해주고 싶어서 공부하게 되고 겸손하게 된다.

'내가 조금 더 일찍 치과위생사 면허증을 가졌다는 이유로 이들 앞에 서도 될까?'

고민과 떨리는 마음에 수업이 있는 전날엔 잠을 이루지 못한 밤도 있었다. 밤새 책을 보고 또 보고, 농담까지 적어가며 연습했지만, 후배들 앞에 서는 것이 두려웠다. '수업 중에 내가 미처 모르는 부분을 질문하면 어쩌지?'라는 생각이 깊어질수록 학생들이 선생인 나를 믿지 못하고 나의 수업을 신뢰하지 않을까 봐 무서웠다.

강의를 시작한 첫해에는 마치 중요한 사람이 된 것 같고, 조금 성공한 사람처럼 느껴졌다. 듣지도 보지도 못한 열정만 가지고 신이 났다.
시간이 지날수록 두렵고 무서워지는 시기가 찾아온다. 그때 모교의 교수님께서 "저들은 아무것도 모르는 학생이라서 저 자리에 앉아있는 거야. 너는 먼저 경험하고 먼저 공부했기 때문에 저들 앞에 설 자격이 되는 거야."라고 용기를 주셨다. 그렇게 용기 내어 강의한 지 벌써 10년차 선생이다.
졸업 후에도 기억하고 연락하는 후배들이 있다. "교수님과 같은 치과위생사가 되고 싶어요", "교수님 덕분에 국시 합격해서 벌써 7년차예요" 하며 연락을 주는 후배들을 만나면 누구라도 붙잡고 자랑하고 싶을 만큼 보람을 느낀다.

가르친다는 것은 학습자의 시간을 사는 것이라고 생각한다. 2학점짜리 수업을 40명이 수강한다면 선생은 80시간을 책임져야 한다. 그래서 앞에 있는 사람을 잘 가르치는 방법에 대해 고민을 많이 한다.

천편일률적인 설명보다는 시간 가는 줄 모르게 재미있는 수업을 하고 싶다. 국가고시라는 숙명을 마주하는 예비 치과위생사라면 좋아하는 과목만 공부할 수는 없으니 말이다.

많은 기초과목과 임상과목을 모두 암기하고 시험을 봐야 하는 학생들에게 교수자로서 그 모든 내용이 잘 조화될 수 있는 강의를 해야 그 시간을 그냥 흘려보내지 않게 되리라 생각한다.

'나'의 가르침은 '나'의 배움에 의해 결정된다. 그래서 배움은 끝없이 내가 평생 해야 하는 일이라 생각한다. 잘 가르치기 위해 수업을 잘 준비하고 잘 배워야 하기에 육아를 핑계로 게을리했던 배움의 자리에 열심히 앉으려고 한다. 더 많은 경험을 배우고, 배운 것 위에 새로운 것을 더해서 치과위생사로서 갖춰야 할 지혜를 가르침의 자리에서 기꺼이 나누는 선생으로 설 것이다.

학위만 있으면 무엇이든 될 줄 알았던 20대 조지영에게 배움의 지평을 넓히라는 이야기를 해주고 싶다.

마음속에 심은 비전 씨앗

20년차가 넘는 실장님과 대화를 나눈 적이 있다. 실장님께 치과위생사로서 비전에 대해 여쭸다.

"치과위생사라는 직업 자체가 비전 아닌가요?"

실장님의 대답을 듣고 '맙소사!' 이마를 탁! 쳤다. 목표는 달성하고 나면 끝이 나지만, 비전은 내가 가는 길에 뚜렷한 방향을 안내하고 새로운 목표를 설정하도록 도와준다. 치과위생사의 비전은 내 삶에서 생명력을 가지고 있다. 지나온 길에 대한 아쉬움을 가지고 뒤를 돌아보기만 하는 것이 아니라 내게 주어진 것, 지금에 집중하여 앞으로 나아갈 것이다.

결혼과 육아뿐 아니라 자존감이 떨어져 스스로를 낮게 여기는
많은 경력단절 치과위생사들이 기운 내서 다시 치과위생사의
삶을 사는 용기가 되려고 한다.

'땅은 이름 없는 자를 태어나게 하지 않고, 하늘은 길 없는 자를 태어나게 하지 않는다'고 한다. 의미 없이 태어난 사람은 없다.

아직은 아이들을 현명하게 잘 키우는 엄마로서의 삶이 내게 더 큰 의미지만, 아이들이 더 자라면 치과위생사라는 자리에서 의미를 가질 수 있도록 일의 즐거움을 찾아갈 것이다. 솔직히 아직은 잘 모르겠지만 의미를 찾아 나만의 무기를 가지고 누구와도 대체할 수 없는 치과위생사가 되는 것이 목표다.

누군가의 지시에 따라 치과를 청소하거나 심부름을 하며 환자의 구강을 깨끗하게 하는 것이 아니라, 스스로가 환자들의 구강 건강과 병원의 원활한 경영과 성공에 중요한 기여를 하고 있다고 생각한다. 이러한 방식의 생각이 일에서 의미를 찾을 수 있게 한다고 믿기 때문이다. 우리 모두가 슈퍼맨이나 원더우먼이 될 수는 없지만, 이런 마음가짐이 모이면 세상을 바꿀 수 있다.

무엇을 하든지 그것에 온몸을 던지라는 말도 들었다.

우리 자신이 선택하고 뛰어든 치과위생사의 길이다. 우리가 치과위생사라는 직업을 온몸이 젖도록 사랑한다면 부러움의 대상인 미국이나 캐나다, 호주의 치과위생사처럼 당당하게 독립적인 구강 보건 전문인이 될 수 있을 것이라 믿는다. 또한, 이 마음이 우리를 치과위생사의 소명으로 안내할 것이다.

치과위생사의 비전을 품고 지금 해야 할 일에 집중하며 치과가 아닌 다양한 곳에서 그 업의 가치를 나타내고 싶은 치과위생사는 다른 시선을 가질 필요가 있다. 이것은 일상 속에서 새로운 의미를 발견하려는 노력이라고 생각한다. 치과에서만 일하는 치과위생사를 당연시하기보다, 다양한 분야에서 치과위생사의 전문성을 나타내기 위한 새로운 시도를 아끼지 않는 선생님들이 부럽다. 그러한 기획력과 추진력이 탐난다. 그래서 독서 모임을 운영하며 저자로 참여하는 도전을 하게 되었다. 쉬지 않고 나를 쇠처럼 두드려 천천히, 조금씩 더 단단한 치과위생사가 될 것이라는 다짐을 해본다.

열매를 결정하는 아침

　신입 치과위생사였던 나에게 선배들의 움직임은 하나하나가 범접할 수 없는 '그 무엇'이었다. 연차가 낮을 때 선생님들의 말 한마디 한마디를 기억해두었다가 환자에게 써먹으려고 수첩에 받아 적어, 보고 또 보곤 했다.

　그렇게 선배들이 커 보였는데 3년차쯤 되면서 내가 할 수 있는 일의 영역의 반경이 커지면서 선배의 잘못이 눈에 보이기 시작했다. '아! 저거 저렇게 하면 안 되는데. 왜 저렇게 말씀하시지? 아, 저 선배 진짜 일 못 하는구나. 모양이 정말 안 예쁘다. 아 손 엄청 느리시네. 내가 저 선배한테 교육을 받았다니!' 선배의 어시스트를 서면서 속으로 건방진 생각을 하고 있었다.

　'나는 저런 선배가 되지 말아야지. 나는 본이 되는 선배가 되어야지.'

　일을 잘하기로 인정받던 대학 동기가 4년차에 이직을 했다.

　그런데 전 치과에서 알지네이트 믹싱기를 사용해서 러버볼을 잡고 스파츌러로 믹싱하는 것이 처음에 서툴렀던 것 같다.

　그 친구의 서투른 행동을 본 후배가 한마디 했다고 한다.

"샘, 그거 그렇게 하는 거 아닌데요."

그래서 동기 선생님이 후배에게 시범을 부탁했다. 후배 선생님은 본인이 잘하지 못했다고 한다. 동기 선생님은 후배와의 일화를 계기로 가지게 된 마음가짐에 대해서 나에게 이야기 해주었다.

"일도 잘하지 못하는 후배에게 무시당하니 기분이 나쁘더라. 더 잘할 수 있게 노력해야겠어."

우리가 나눈 대화는 웃음이 나지만 나름 건설적이었다.

"나중에 우리는 어떤 선배가 될까. 그저 그런 치과위생사는 되지 말아야지. 후배가 따라 하고 싶은 선배가 되어야지."

어떤 선배가 될 것인지는 내가 선택할 수 있다. 지금을 어떻게 살아가느냐에 따라 달라질 테니까.

나는 김미경 강사님의 인스타그램을 팔로우 중인데, 언젠가 '아침을 어떻게 시작하고 아침을 어떻게 보내느냐에 따라 하루의 질이 결정된다'는 피드가 올라왔다. 이 분야도 마찬가지로 저년차를 어떻게 계획하고 보내느냐에 따라 치과위생사로서 삶의 질이 결정된다.

월급의 10%를 주말 세미나 비용으로 사용하는 선생님을 본 적이 있다. 모든 세미나가 유익하지 않을 수 있다. 때로는 시간과 돈, 에너지를 낭비했다는 생각이 올라오는 세미나도 있다. 그 선생님은 주말에 공부한 내용을 병원 직원들을 위한 리세미나를 준비하며 자신의 것으로 흡수하고 있었다.

실력을 인정받은 선생님은 선배들을 제치고 4년차에 실장이라는 타이틀을 달아 선배들보다 높은 연봉으로 자신의 가치를 빛냈다.

학교를 졸업하고 국가고시를 통과해 치과에 입사하면 출발선은 비슷하다. 하지만 치과위생사로서 어떻게 살았는지에 따라 결승선은 모두 제각각이다.

하루의 마무리는 아침에 완성된다. 내가 아침을 어떻게 보내느냐에 따라 하루의 질이 결정된다.

— 배철현, 《승화》

85년생 조지영은 책임감 있는 치과위생사가 되기 위해 오늘도 신발끈을 고쳐 맨다.

언니들의
클라쓰

구강 건강 지키는
치과 밖 치과위생사

양윤서

- 아파프로 매니저 양윤서 치과위생사
- 오스코 공동대표 및 마케팅 팀장
- 에나멜질·상아질·보철물의 프로페셔널 케어 강의
- 구리시 보건소 구강건강교육 외래강사
- 인성소통협회 실버웰라이프 자격과정 구강건강파트 강사
- 서울보건대학(현, 을지대학교) 치위생과 졸업

구강 건강을 위해 구강 건강 교육을 하고, 임상치과위생사들이 더 나은 구강 관리를 할 수 있도록 예방제품으로 서포트하는 PM (Product Manager), 치과 밖 치과위생사 양윤서이다.

★인스타그램 : yang_ys
★이메일 : hutte@nate.com
★홈페이지 : www.apadent.kr

마흔,
이제 치과위생사 1년차!

치.과.위.생.사. 요즘 이 다섯 글자가 나를 설레게 한다.

특별한 계기를 통해 이제 막 1년차가 된 듯한 열정을 갖게 되었기 때문이다. 지금도 치과업계에서 일하고 있지만 내가 치과위생사다웠나 생각해 보면 선뜻 "YES"라고 말하기는 어려울 것 같다. 최근에야 명함에 '치과위생사'라고 새기고, '저는 치과위생사입니다.'라고 자신 있게 소개하고 있으니 말이다.

'내 소개를 어떻게 해야 할까?' 잠시 생각해 본다. 다른 사람들이 보는 나는 어떤 치과위생사일까? 치과에서 일하지 않고, 연차를 계산하기도 어렵고 임상을 말하기도 부끄러운 나는 치과 밖의 치과위생사이다. 요즘 말로 하면 '아싸(Outsider)'쯤 될 것 같다.

나는 오스코라는 치과 재료 회사의 공동대표로 직함은 팀장이다. 아웃사이더로 사는 10년 동안 회사에만 있었기 때문에 치과위생사라는 소개가 어색했고, 어떤 때에는 부끄럽기까지 했다. 어쩌다 치위생과 교수님들이 학생들을 위한 산업체 특강을 부탁하시면 '특별한 얘기도 없는데'라며 스스로 평가절하했다.

3년 전부터 봉사활동으로 구강 건강 교육을 하게 되었고, 회사에서 '아파프로(APAPRO)'라는 구강질환 예방제품을 런칭하기 시작하면서 생각과 마음가짐이 바뀌었다. 스스로 치과위생사라고 소개하기 시작한 것이다.

치과 밖에서 일하는 치과위생사! 요즘 나는 치과위생사라는 타이틀이 좋다. 어떤 때에는 고맙기까지 하다. 그러나 치과위생사 중에는 자신의 선택을 후회하거나 하는 일에 회의를 느끼는 분들이 있을 것이다. 그분들이 치과위생사가 좋다는 내 얘기를 들으면 '뭐야? 대단할 것도 없는 치과위생사가 뭐가 그렇게 좋다는 거야?'라고 반문할지도 모른다. 하지만 아웃사이더 치과위생사가 자기 직업에 애착을 갖기까지의 과정을 알게 된다면, 지금이 더 소중해진 '치과 밖 치과위생사'인 나를 조금은 이해할 수 있지 않을까 생각한다.

여러 분야에서 활동하는 치과위생사를 만나면서 그분들에 비추어 '나는 어떤 치과위생사였을까?'라는 고민 아닌 고민을 하게 되었다. 아마 임상 치과위생사가 아니기 때문에 드는 존재론에 관한 의문일 것이다. 하지만 지금은 그런 생각을 하지 않는다. 나를 감추려 하지 않는다. 나는 나로서 존재가치가 있다고 믿게 되었기 때문이다.

마흔이라는 나이도 그렇다. 좋아하는 일에 최선을 다한다면 나이는 숫자에 불과하다. 유행가 가사처럼 '내 나이가 어때서~ 치과위생사로 살아가기 딱 좋은 나인데~' 나는 그런 삶을 살고 있다. 마흔이라는 나이에 시작된 '치과 밖 치과위생사 이야기'는 치과위생사의 일을 힘들어하고 다른 길을 찾고 있는 동료와 후배들에게 조금이나마 도움과 위안이 되었으면 하는 소망이 담겨 있다. 조금은 평범하지 않고 방황했던 아픈 속살 같은 이야기를 가슴 속에서 조심스럽게 꺼내 본다.

치과위생사가 되고 싶지 않았던
치위생과 학생

2021년 12월, '예방콘서트'에 참석했다.

예방콘서트 연자 중 한 분이 나처럼 치위생과가 무엇을 공부하는 과인지 모르고 입학하셨다고 했다. 다른 중요한 것을 말하기 위한 전제지만 내게 그 말은 동질감을 느끼게 해주었다.

'나만 그런 것이 아니구나.'

이름도 낯선 치위생과. 치과에서 일한다는 것 이외에는 아무것도 모르고 입학했다. 1학년 때는 새로 시작했다는 기분에 열심히 공부했다. 그러나 목표, 의지와 열정이 없는 공부는 시간 때우기에 불과했다. 결정적으로 1학년 2학기 치과재료학 수업이 어렵게 느껴졌고, 과락을 면하면서 학업은 마음에서 더 멀어졌다. 그 후 치과재료학 책은 눈길도 주지 않겠다고 마음먹었다. 치과위생사가 되려는 치위생과 학생이…….

공부에 대한 시들한 마음 외에도 대학 생활을 힘들게 한 이유가 하나 더 있었다. 선천적으로 앓고 있는 부정맥(심장박동이 일정치 않은 심장질환 중의 하나이다)이라는 병이다. 재학시절 부정맥으로 인해 두 번이나 쓰러졌다. 몸과 마음은 지쳤고 공부와는 점점 더 멀어졌다. 생활은 무기력해졌다. 도피성 휴학을 선택했지만 무슨 머피의 법칙처럼 큰 교통사고를 당해 머리를 다쳤다. 불행은 한꺼번에 온다고 했던가? 인생이 자꾸 꼬여만 가는 것 같았다.

우여곡절 끝에 대학 생활을 마무리할 즈음 피할 수 없는 것이 찾아왔다. 국가고시! 졸업은 하지만 국가고시는 보지 않겠다는 다소 황당한 생각을 했던 그때를 돌아보면 지금도 가끔 헛웃음이 나온다.

국가고시의 합격선은 120점이다. 첫 모의고사는 90점대였던 것 같다. 교수님께서 시험을 볼수록 점수가 높아질 것이라고 위로를 해주셨다. 하지만 교수님의 위로와 달리 나의 점수는 계속 우하향 곡선을 그리다가 마지막 모의고사에서 70점대를 찍었다. 당연히 교수님께 호출되어 불려갔다. 그리고 당돌하게 말했다. "저는 국시 보고 싶지 않아요."

지금 돌이켜보면 나의 건강과 학업에 배려와 걱정을 해주셨던 은사님께 죄송한 마음이다. 불행 중 다행이었을까? 아니면 먹고살라는 하늘의 계시였을까? 운 좋게 국가고시에 합격했고, 면허증을 손에 쥐게 되었다. 치과위생사가 되기 싫은 치위생과 학생이 운 좋게!

치과위생사의 시작 : 치과가 아닌 다른 길로 들어서다

국시에 합격하고 졸업도 했는데 막상 무엇을 해야 할지 갈피를 잡지 못했다. 결국은 집 근처 작은 치과에 취업했다. 재학시절 실습 때도 그랬지만 체력적인 한계와 열정의 부재를 이겨내지 못하고 몇 달 만에 그만두었다. 치과에서의 임상경험은 그게 시작이자 마지막이 되었다.

치과위생사가 하는 업무 중에 내가 관심을 가졌던 분야는 구강 건강 관리와 예방이다. 나뿐만 아니라 치위생과를 졸업한 치과위생사라면 누구나 자신이 예방 치과위생사가 될 것이라는 생각을 할 것이다. 그런 마음이 통했던 것일까? 구직 사이트를 보던 중 대학로의 한 구강 위생용품점에서 치과위생사를 모집한다는 공고를 발견했고, 직원으로 채용되었다.

구강 위생용품점 '메디슨'. 대학로의 작은 잡화점 같은 느낌이었지만 그 안에서의 1년은 특별한 경험이었다. 오픈 준비부터 디스플레이, 아이템 선정, 가격책정, 환자 상담, 홍보, 판매에 이르기까지 나의 손을 거치지 않은 것이 없기에 1인 기업이나 다름이 없었다. 이 이야기는 산업체 특강으로 모교인 을지대학교 치위생학과 후배들에게 들려주었다.

구강 위생용품점을 다니며 사람이 먼저라는 생각을 하게 되었다. 환자들의 이야기를 들어주는 것! 어렵고 복잡한 정보를 일방적으로 전달하는 것이 아니라 함께 느낄 수 있는 작은 정보를 공유하는 것이 중요하다는 것을 깨달았다. 한 명의 환자와 두어 시간을 이야기하다 보면 힘들지만 가르쳐주면서 배웠다는 보람을 느낄 수 있다. 때로는 환자와 공감대가 형성되어, 하나가 되기도 한다. 이런 경험들은 구강 건강 교육과 아파프로 마케팅의 큰 밑거름이 되었다.

하지만 시기상조였을까? 수익성의 문제였을까? 구강 위생용품점은 1년 만에 문을 닫게 되었다. 소비자와 환자들의 인식 속에 구강 관리에 대한 필요성이 자리 잡지 못한 것이다. 애정을 쏟았던 만큼 아쉬운 마음이 컸다. 하지만 나의 '치과 밖 치과위생사'로서의 첫 도전이었다는데 의미를 두고 싶다.

| 치과기자재 업체 직원이 된 치과위생사 |

구강 위생용품점을 정리한 직후 당시 치과 재료 온라인 기업으로 성장하고 있던 업체(지금의 DV몰)의 입사를 제안받았다. 본사는 대구이며 근무할 곳은 서울지사로 서울경인 지역의 오프라인, 온라인 마케팅과 판매

를 담당했다.

내가 해야 할 업무는 제품상담, 재고관리, 출고 등의 영업 지원이었다. 경험도 없는 회사업무를 하게 되니 입사 전 '치과 진료실보다는 낫겠지'라고 생각한 건 대단한 착각이었음을 알았다. 일의 종류와 내용만 다를 뿐 치과처럼 회사 일도 어렵고 힘든 것은 마찬가지였다. 더군다나 임상경력이 없고 재료에 대한 지식이 부족했던 나로서는 막막하기만 했다. 아쉬운 대로 찾아보아야 했던 책은 바로 '치과재료학'이었다. 다시는 보지 않으리라 생각했던 바로 그 책! 운명의 장난이라는 말은 이럴 때 쓰라고 있는 것이 아닐까? 본다고 이해가 되는 것도 아니지만 치과재료학을 다시 공부하기 시작했다.

제품에 대한 지식은 쉽게 늘지 않았다. 하지만 나의 장점은 바로 친절한 전화응대! 당시 서울지사의 직원들이 그 점은 인정했다. 단점을 줄이는 것보다 장점을 돋보이도록 갈고 닦는 것이 생존의 지름길이다. 그리고 그 전략은 성공적이었다.

| 사업을 시작한 치과위생사! |

치과재료 업체의 서울지사에서 근무하던 중 인생의 전환점이 된 큰 사건이 있었다. 바로 지사장님과의 결혼이다. 우리는 함께 일하며 쌓은 경험을 바탕으로 우리만의 회사를 설립했다.

스타트업! 새로 시작하는 모든 일이 그렇듯 어려운 일이 많았다. 회사에서 급여를 받을 때와는 달리 사무실 얻는 일, 사업자등록, 세금 등 모르지만 해야 할 일들이 넘쳐났다. 심지어 볼펜을 구매하는 일조차 혼자서 알아보고 결정해야 했다. 어쩌면 회사 내 업무의 대부분이 '결정'의 연속인지도 모른다.

사업의 시작과 함께 나의 업무는 이전 회사에서 했던 영업 지원에다 카탈로그, 홈페이지, 쇼핑몰 등 다양한 매체의 홍보물을 디자인하고 제작하는 일까지 확장되었다. 다행히 대학 시절 휴학 기간 중 컴퓨터그래픽스 운용기능사 자격증 취득 경험이 크게 도움이 되었다. 혼자 공부하며 익혀나갈 수 있었기 때문이다. 지금은 전문가 수준까지는 아니지만 카탈로그, 광고 시안, 팜플렛, 플라이어 등을 직접 디자인하는 정도가 되었다. 하고자 하는 의지와 노력의 결과라고 생각한다. 나의 배움은 현재도 진행형이다.

| 그래, 난 구강 건강 교육이 하고 싶었어 |

얼마 전, 구리시 보건소 최연장자 치과위생사 선생님의 정년퇴임을 축하하기 위해 구강보건실을 방문했다. 평생을 치과위생사로 살아온 선생님을 뵈면서 전에는 몰랐던 경외감을 느꼈다.

선생님과 구강보건실 주무관님과 셋이 함께 식사하던 중 선생님께서 "우리 꽤 오랫동안 함께 했는데 처음에 어떻게 오시게 되었어요?" 물으셨다. 주무관님과 나는 당시의 행복한 기억을 떠올렸다.

명목상 치과위생사였고 주로 회사 일만 하던 나는 말 그대로 그냥 회사원 같은 생활을 하고 있었다. 그러던 중 우연한 기회로 알고 지내던 치과위생사 한 분이 둘째 아이 유치원에서 구강 건강 교육을 해주셨다. 아이들이나 유치원 선생님들보다 내가 더 설레는 마음으로 참관했다. '그래, 나도 이걸 하고 싶었지.' 가슴 속 깊은 곳에서 희미하게 무엇인가 올라오고 있었다. 교육이 끝나고 집으로 돌아오는 내내 나도 과연 저렇게 할 수 있을까 오직 그 생각만 했다.

그날부터 구강 건강 교육을 할 방법을 알아보았다. 회사업무 특성상 오후보다는 오전이 좋았다. 치과위생사의 모임에서 하는 교육은 지역이 넓어 패스! 회사가 광진구인데 보건소 구강보건실을 알아보니 성동구로 가야 했다. 이것도 패스!

다른 방법은 없을까? 거주하는 곳은 구리시. 회사와도 가깝다. 찾아보니 구리시 보건소에 구강보건실이 있다. 전화부터 했다. 마침 치과위생사 주무관님이 전화를 받았다. 두근거리는 마음을 진정시키며 이야기를 꺼냈다.

"안녕하세요. 저는 구리에 사는 치과위생사입니다. 구강 건강 교육을 해보고 싶은데 경험은 없습니다. 일단 참관해보고 선생님께서 맡기실 정도가 되면 해볼 수 있도록 기회를 주셔도 됩니다. 가능할까요?" 안 된다고 하면 어쩌나 가슴을 졸였던 것 같다.

의지 하나로 밀어붙였던 구강 건강 교육은 몇 번의 참관 후 다양한 기회를 얻을 수 있었다. 물론 아이들과의 경험이지만 여러 사람 앞에서 말하고, 소중한 인연들도 만나게 되었으니 행운이라고 할 수 있다. 지금은 코로나19로 인해 중단되었지만 작은 재능을 여러 사람에게 나눠주는 기쁨과 함께 내적인 성장까지 얻을 수 있기에 구강 건강 교육을 다시 할 수 있는 날을 기다린다.

드디어 치과위생사로서 비전이 생기다

구강 건강 교육을 하면서 치과위생사라는 직업에 애정이 생기기 시작했고 나를 자신 있게 치과위생사라고 소개하는 것에도 익숙해졌다. 지금은 구강 건강 교육과 함께 비전이 하나 더 생겼다.

'아파프로', 아파프로는 치아와 같은 성분의 나노입자 하이드록시아파타이트 페이스로 충치 예방 물질이다. 제품의 런칭과 함께 PM(Product Manager)이 되었고, 아파프로의 성공을 위해 매일 조금씩 새로운 비전을 위해 노력하고 있다.

아파프로 원내 교육의 시작은 대전의 한 치과로 기억한다. 교육 초기에는 마땅한 자료가 없어 제조사의 PPT를 번역해서 사용했다. 지금 생각하면 교육을 다시 하고 싶을 정도로 내용이 부실했고, 강의 진행도 미숙했다. 더 중요한 것은 다른 사람의 PPT는 나의 것이 아니라는 사실이다. 포기하고 싶었다. 전시회에서 제품을 설명할 기회는 있었지만, 교육은 상담과는 차원이 다른 것이다.

2019년 겨울, 천안의 병원급 치과에서 40여 명의 스태프를 대상으로 아파프로 교육을 요청했다. 준비는 덜 되었다고 느꼈지만 해보고 싶었다.

포기하고 싶은 마음이 49%라면 해보고 싶은 마음이 51%였다. 그 간절함을 담아 PPT를 다시 만들고 대본을 작성하고 시뮬레이션을 돌리며 연습했다.

떨리는 마음을 진정시키며 강의를 시작했다. 이상하게도 시작하는 순간 전혀 떨리지 않았다. 머리와 가슴에 있던 말들이 고삐 풀린 망아지처럼 술술 나왔다. 질문하고 답을 유도하기도 했다. 처음이었다. 준비한 만큼 잘 마무리했다. 이렇게 아파프로와의 본격적인 동행이 시작되었다.

2020년은 내게 있어 아파프로의 해라고 해도 될 만큼 제품에 정성을 쏟은 해이다. 제품을 알리기 위해 가장 먼저 한 일은 페이스북과 인스타그램 등 SNS를 활용하는 것이다. 카탈로그 등을 디자인해 본 경험으로 이미지를 만들고 홍보해보았지만, 비슷한 컨셉이 너무 흔했다. 즉, 차별화가 부족했다. 고민 끝에 내가 하는 활동을 가감 없이 보여주자는 결론을 내렸다. 대단하지는 않지만 아파프로라는 제품을 홍보하고 판매하는 내가 어떤 생각을 가지고 어떤 마음으로 잠재고객들에게 다가가는지, 그리고 어떤 활동을 하는지 있는 그대로 보여주는 것이다.

요즘은 교육에 필요한 인성소통, 스피치를 공부하면서 제품 PPT를 만들고 원내 교육과 세미나 현장을 보여주고 새로운 예방 개념을 알리기 위해 노력하고 있다. 아파프로는 패러다임의 전환이 요구되는 제품이다. 새로운 컨셉은 쉽게 받아들여지지 않는다. 더군다나 예방이다. 수익성과 거리가 있는 예방은 관심 밖으로 밀리기 쉽다. 예방의 중요성과 함께 인식의 전환도 요구되는 것이 아파프로 마케팅이다. 그래서 어렵고 힘들다.

한편으로는 치과 예방을 공부하는 스터디 모임 '프로페셔널 케어'를 운영하고 있다. 학습을 좋아하고 치과 예방에 대한 열정이 넘치는 10여 명의 치과위생사 모임이다. 매달 정기적으로 만나 지식과 경험, 정보를 공유한다. 일본 예방 전문의인 가토 쇼지 선생님의 '에나멜·상아질·보철물의 프로페셔널 케어'라는 서적을 번역하여 공부한다. 부산 지역 선생님들의 요청으로 머지않아 부산에서도 스터디 모임이 진행될 예정이다.

'가장 어려운 것은 가장 쉬운 것을 계속하는 것'이라고 한다. 아인슈타인은 "어제와 똑같이 살면서 오늘과 다른 내일을 기대하는 건 정신병 초기증세와 같다"라고 했다.

이 격언은 나를 달리게 하는 채찍이다. 나는 다른 미래를 꿈꾼다. 당돌하게 들릴 수 있지만, 대한민국의 모든 사람이 충치와 잇몸질환 예방을 위해 아파프로 나노케어를 하는 미래를 꿈꾼다. 꿈이 실현되기 위해서는 어제와 오늘이 달라야 하고 지치지 말아야 하며 할 수 있는 것부터 하나씩 실행해야 한다.

이 길이 맞을까? 이렇게 한다고 얼마나 달라질까? 가끔은 회의가 들기도 하지만 엉킨 실타래를 풀듯 하나씩 차분히 풀어나가야 한다. 그리고 그 작업은 오늘도 그리고 내일도 계속되어야 한다.

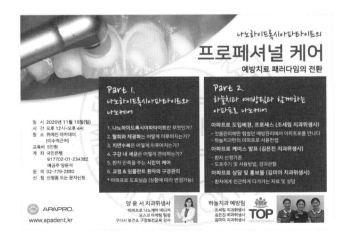

치과위생사라는 직업이 자신에게 맞는지 고민하는 후배들이 있을 것이다. 그들에게 말해주고 싶다. 치과위생사가 꼭 치과에 있어야 하는 것은 아니다. 다양한 분야에서 치과위생사로서 배운 전문지식을 활용해 자신이 좋아하는 일을 하면 된다.

회사에도 다양한 업무가 있다. 자신의 적성이 사람을 좋아하고 외향적이고 적극적이면 영업직이 적당할 것이고, 내성적이고 꼼꼼하다면 관리직이 더 적성에 맞을 것이다. 먼저 자신을 들여다보고 적성과 맞는 일을 찾아보길 바란다. 삶은 그것을 찾아가는 과정일 것이다. 그리고 그 과정에 필요한 것은 용기이다.

나는 임상 치과위생사들이 더 나은 구강 관리를 할 수 있도록 필요한 제품을 찾고 비전을 제시하며 임상을 서포트하는 치과위생사이다. 그것이 나의 미션임을 졸업 후 20여 년이 지나서 깨달았다. 나는 비전이라는 결승점을 향해 달리는 마라톤 코스 위에 있다. 이 꿈은 내가 존재하는 동안 이루어질 수도 있고 그렇지 않을 수도 있다.

나는 하고 싶은 일을 찾았고, 할 수 있는 일을 정의하게 되었으며, 그 일을 하고 있다. 나는 구강 건강을 지키는 치과 밖 치과위생사이다.

치과위생사 경험은
어떻게 일이 되는가

김예성

- 리더십충전소 대표
- 한국보건의료상담대학 대표
- 대한리더십학회 이사
- aSSIST 경영학 박사
- 동남보건대학교 치위생학과

사랑받는 병원, 병원상담의 모든 것, 사랑
받는 병원마케팅 저자

자연 사람 미래에 관심을 가지고 있는 호기
심 해결사. 치과위생사를 날개로 달고 진료
마케팅 상담 리더십 등을 공부하며 같이의
가치를 키워 나가는 컨텐츠 크리에이터

★인스타그램: yesung.k
★이메일: leadershipkorea@kakao.
  com

말괄량이 길들이기

"저기 혹시 치과위생사세요?"

"네, 제 면허번호는 15052이고 최근까지도 진료실에서 진료 보던 실장이었습니다."

처음 만나는 분중에는 나에 대한 몇가지 오해를 가지고 있는 분이 계신다. 다양한 활동을 하는 모습을 솔직하게 SNS를 통해 알리다 보니 많은 분이 나를 경영학을 전공한 병원 컨설턴트라고 생각하시기도 한다. 만나는 사람에 따라 호칭도 달라진다. 실장님이라고 불리기도 하고 대표님, 교수님, 혹은 작가님이라고 불리기도 한다.

안녕하세요. 치과위생사의 날개를 달고 프리워커를 지향하는 김예성입니다.

치과 생활을 슬기롭게 하진 못했다. 진료보조나 스케일링을 열심히 하는 것만큼이나 치과를 잘되게 하는 더 효과적인 방법을 찾았다.

이 글은 다양한 관심사를 가지고 자신의 역할을 탐구하고 수입을 다각화해 조기 은퇴를 꿈꾸는 파이어족(경제적 자립을 통해 빠른 시기에 은퇴하려는 사람을 뜻하는 신조어)에게 다양한 활동 영역에 대한 정보원이 되기를 바란다. 또 다양한 활동을 통해 새로운 시각으로 치과위생사의 업무

역량을 확장하고 싶어 하는 말괄량이들에게 뭐든지 스스로 터득하고 이해해야 몸과 마음이 움직이는 스타일이라서 적응이 느린 당신은 혼자가 아니라고 말해주고 싶다.

초기에는 진료 실력을 향상하는 것보다 병원을 알려서 더 잘되게 하는 것에 관심이 많았다. 지금이라면 진료를 더 빨리 잘했다면 빠르게 업무 자율성을 확보할 수 있었을 거라는 생각이 든다. 하지만 그때는 진료만 열심히 하는 모습이 답답해 보였다. 그래서 2년차에 방송통신대학 방송 미디어학과에서 광고를 공부했다. 진료를 잘하는 병원에는 환자도 많아져야 한다. 하지만 개인 치과에서는 내가 환자에게 친절하고 스케일링을 아프지 않게 빨리 많이 잘하기를 원하는 것 같았다. 답답했다.

병원 생활을 하면서 내가 하고 싶은 영역을 찾기 위해서는 퇴근 후, 휴일, 월차, 점심시간 등 개인 시간을 들여서 알아보고 찾아다녔다. 부족한 시간을 쪼개서 2012년 첫 콘텐츠를 기획했다.

경험은 어떻게 콘텐츠가 되는가?

그 무렵 두 달 동안 일요일마다 병원마케팅전문가과정을 이수했다. 과정을 이수하며 만난 치과위생사와 함께 우리가 현장에서 고민하고 있지만 아무도 알려주지 않는 내용을 정리해 콘텐츠를 만들어 보자는 뜻으로 뭉쳤다.

2013년 치과위생사를 위한 토크콘서트를 시작했다.

〈토크콘서트 주제별 홍보 포스터〉

당시 유명한 개그맨과 기업인 의사가 함께 전국을 돌며 진행하는 '청춘 토크콘서트'를 패러디해 치과위생사들을 위한 토크콘서트를 열었다. 각자 병원에서 일하면서 짬을 내어 참여하는 것이었기 때문에 월 1회 주제를 선정해서 진행했다. 스마트폰이 급속도로 좋아지면서 요즘은 좋은 어플도 많아 이미지/동영상 편집을 뚝딱 할 수 있지만, 포토샵을 다루지 못하던 당신 파워포인트로 어설프게 포스터를 제작해 카페와 블로그에 홍보했다.

토크콘서트를 20회 이상 진행하면서 2013년 '아프니까 실장이다'를 만들었다. 실장이 할 역할에 필요한 정보와 지식을 전수해주는 프로그램이 대부분인 현실에 '당신, 지금도 충분하게 잘하고 있어'라는 메시지를 담고 싶었다. 여러 치과에서 후원을 받았고, 함께 일했던 원장님께서도 후원해주신 덕에 강남역 강의장에서 단독으로 강의장을 빌려 강의가 아니라 페스티벌처럼 준비했다. 같은 업계의 종사자들이 모여 대화를 나누며 공감할 수 있어서 행복하게 마무리할 수 있었다.

병원 일을 하면서 외부활동을 하는 것에는 큰 장점이 있다.

첫 번째는 같은 직업인 사람들에게 필요한 것이 뭔지 파악할 수 있다. 두 번째는 이론만이 아니라 현장감 있는 경험과 노하우를 나눌 수 있다는 것이다. **당신이 매일 하는 생각과 행동, 관찰한 내용 등의 성과와 기록들이 모두 콘텐츠가 된다.**

직원들을 관찰한 결과, 많은 치과위생사가 3년차에서 5년차가 되면 수고한 자신에게 선물하기 위해 적금이나 퇴직금을 투자해 유럽이나 동남아로 여행을 여행을 떠나는 것이 관찰되었다. 여행을 다녀오면 빈털터리가 될 텐데 퇴사를 해야겠다고 완강한 모습을 보인다. 여행은 핑계이고 아마 내가 싫었던 것 같다.

여러분에게 물어본 결과 기간에 따라 여행경비로 300~500만 원 정도를 사용한다고 했다.

나 자신에게 300~500만 원을 선물하기 위해 첫 번째 책《사랑받는 병원》을 출판하기로 했다. 토크콘서트를 통해 다양한 병원에서 다양한 경험을 한 치과위생사들의 이야기를 모았다. 그리고 함께 행복할 수 있는 발전된 치과조직문화를 가진 치과의 모습이 담긴 《사랑받는 병원》이 출판되었다.

〈사랑받는 병원 2012, 병원상담의 모든 것 2014, 사랑받는 병원마케팅 2015〉

첫 책 《사랑받는 병원》은 펜실베니아대학교 왓튼 스쿨에서 발간된 《위대한 기업을 넘어 사랑받는 기업으로》에서 영감을 받았다. 겁도 없이 유명 출판사에 출판기획서와 원고를 들이밀며 출판제안을 했지만 거절당했다. 하는 수 없이 여행경비 대신 쓰기로 한 돈으로 자비출판을 했다.

글쓰기를 배우기 위해 '송숙희의 책 쓰기' 교실에 장학생으로 들어가 두 달간 수련을 받았다. 글쓰기 교실이지만, 쓰기보다는 읽기를 먼저 배웠다. 매일 칼럼을 읽고 주제를 정해 1200자를 쓰는 과정이었다. 자신이 쓰고 싶은 책과 경쟁할 서적을 100권 찾아 정리하는 과제를 통해서 다양한 분야의 책을 읽어 볼 수 있었다.

콘텐츠는 어떻게 네트워크가 되는가?

10여 년 전 쓴 첫 책《사랑받는 병원》은 첫 책이라는 의미만을 남기고 아쉬움이 많은 아픈 손가락 같은 책이다. 그때는 무슨 용기가 있었는지 책을 쓰면서 도움을 주셨거나 영향을 받은 분들에게 책을 보냈다.

그중 한 곳이 대전에 있는 선치과병원이다. 미국에는 메이요클리닉이 있다면 한국에는 선의료원이 있다. '선의료원의 삼형제 이야기'를 읽고 감동이 전해져 무턱대고 병원 주소를 찾아 책을 보냈다.

아무도 보내 달라고 하지 않았지만, 병원 주소를 찾아 책을 보낸 경험이 강의나 컨설팅으로 연결되는 기회로 이어졌다.

당시 대전 지역에는 병의원 관계자들을 위한 주간 조찬 모임이 있었는데 '메디컬 CEO 글로벌 포럼'에 연자로 초청되어 '사랑받는 병원: 병원답게 성공하는 법'이라는 주제로 강연을 하게 되었다. 강의 뽀시래기 시절이라 그 자리가 얼마나 크고 엄중한 자리인지 모르고 까불고 왔다.

'역시, 나를 알아보는 사람이 있군' 하며 자만함에 우쭐했던 것 같다. 나중에 검색해 보니 포럼 연자분들은 대부분 각 병원의 병원장과 보건의료기관장이 많았다.

《사랑받는 병원》을 통해 얻은 교훈을 발판삼아 두 번째 책을 기획하기 시작했다. 두 번째는 좀 더 실무적인 도움을 줄 수 있는 책을 쓰겠다고 결심했다. 바쁜 중에도 '사랑받는 병원 연구소'를 꾸준하게 운영하면서 초보 상담실장을 위한 과정으로 '상담실장을 위한 1년 과정'을 운영하고 있었다. 당시는 치과병원에서 교육실장으로 근무하고 있었는데 두 가지 활동을 합치고 별도로 자료를 찾아 《병원상담의 모든 것》을 쓰기 시작했다.

《병원상담의 모든 것》은 병원 매출을 높이기 위한 팁을 알려주기보다는 탄탄한 기본기를 갖출 수 있는 병원 상담 입문서이다. 처음 경험하는 당황스러운 상황에서도 유연성 있게 대처할 방법을 궁리하다가 '환자를 사랑하는 만큼 원장님을 사랑하고, 무엇보다 환자를 상담하는 자신을 잘 아는 것이 중요하다.'라는 메시지를 담아서 기획되었다.

두 번째 책부터 소위 팬이 생기기 시작했다. 치과 치료는 진단과 치료 이후에는 전부 상담으로 이루어졌다고 해도 과언이 아니다. 우리는 대부분 상담을 전문적으로 배우지 못하고 상담을 시작한다.

일반 상담과 병원 상담은 무엇이 다르고 어떻게 달라야 하는지 정리가 되어 있지 않았다. 두 번째 책은 의학전문 언론사인 의치학사에서 기획출판을 해 주셨다.

두 번째 출판 후에는 덴탈 관련 신문사에 칼럼을 연재하기 시작하여 2021년까지 8년 정도 연재를 하게 되면서 칼럼니스트로도 활동하고 있다. 현재는 IT전문지 베타뉴스에 고정으로 '김예성의 코리아리더스'를 연재하고 있다.

네트워크는 어떻게 영향력이 되는가?

    다양한 활동을 하면서 좋은 점 중 하나는 다양한 경험을 한 사람들을 많이 만나 그들로부터 간접적으로 배울 수 있다는 점이다.

    2013년 MBA 진학을 위해 추천서를 받으러 학교에 찾아갔다. 2014년에 출판된 《병원상담의 모든 것》을 교수님께 드리기 위해 학교에 또 갔다. 아무 말 없이 찾아와서 조용히 자신의 소식을 남기고 가는 제자를 교수님께서 유심히 보고 계셨다. 학과에서 후배들을 위해 취업 특강을 해달라는 요청을 받았다. 요청을 받고 당시 근무하던 치과 취업설명회와 함께 강의를 준비했다. 맨땅에 헤딩하더라도 방향이 맞는다면 천천히 서두르지 말고 쉬지도 말고 원하는 길을 가라는 메시지를 담았다.

> "일터를 놀이터 삼아 일하다 보면 배운 것이 깊어지고 그렇게
> 열심히 놀다면 어느새 꿈은 현실이 되어있다."

    학교 강의는 2016년 세 번째 출판과 MBA 졸업(2015년 8월) 박사과정 진학과 함께 우연한 기회로 찾아왔다.

    통합교양 과목 중에 '문제해결' 과목을 전 학과를 대상으로 여덟 시간 동안 연강하게 된 것이다. 처음이었지만, 팀 빌딩 활동+대학원에서 배운

커리어 코칭 기법+NCS 전문코치로서 배운 내용을 2:3:5 비율로 조합해 참여와 토론이 있는 과정으로 만들어 갔다.

강의와 암기 위주의 수업에 익숙해진 학생들은 불편해했고, 스스로 수업을 만들어 갈 기회가 필요했던 학생들은 좋아해 주었다. 그때 친해진 몇몇 친구들과는 지금도 소식을 전하고 있다.

대표님 생신 축하드려요
행복한 생일 보내시고 건강 잘 챙기시라구 조그마한 저의 정성도 함께 보냅니당ㅎㅎ
언능 성공해서 더 크고 좋은걸로, 대표님 은혜에 보답할 수 있도록 노력할게용 대표님을 만나게 된 건 제 인생에 있어 큰 행운이라고 항상 생각하고 있어요>_< 이럴 때 아니면 절대 못 할 부끄러운 말이쥬 헤헤

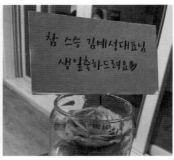

살면서 진심으로 대했던 관계는 노력하지 않아도 저절로 인연이 된다.

그들의 수줍은 고백에 힘이 난다. 지위가 높은 자리에서 권위를 위임받는 것을 사회적 성공으로 정의할 수 있다. 그러나 개인적으로는 진심이 담긴 관계가 더 고맙고 애착이 간다.

치과위생사에서 파생된 다양한 강연, 코칭, 책, 토크콘서트가 자연스럽게 새로운 활동으로 연결이 된다. 역할은 콘텐츠를 만들고, 콘텐츠는 내가 가지 못하고 보지 못하는 곳까지 퍼져서 네트워크가 되고 직업이 된다. 다양한 콘텐츠로 다양한 활동을 할 수 있도록 준비해라.

역할 · 경험 ◐ 콘텐츠 ◐ 네트워크 ◐ 영향력 ◐ 브랜드

사람을 통해 받은 에너지는 누군가에게 나눠야 한다. 박사과정 후 본격적인 활동을 시작하려고 했지만, 건강상의 문제와 코로나19의 유행으로 계획에 차질이 생겼다. 코로나19로 갑자기 변한 환경속에도 자신의 재능과 경험으로 활동을 통해 희망이 되어야겠다고 생각하시는 분들과 2020년 위기를 기회로 만들었다.

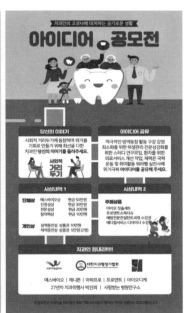

〈좌: 2020 Dental After School   우: 아이디어 공모전 '놀면 뭐하니'〉

Dental After School은 학교에서 배우지 못한 노무, 노동권리, 세무, 기획, 조직심리, 리더십 등 4년차 이상이 되면 궁금하고 고민되는 일들을 1년 학기제로 배우고 멘토링을 받을 수 있는 교육 구독서비스로 기획했다.

그런데 코로나19 확산으로 대면 강의 프로그램을 적극적으로 홍보하기 어려운 상황에 놓이게 되었다.

확진자가 많아 사회적 거리 유지 권고가 강화된 3월, 9월, 10월, 11월은 온라인으로 기획해 동영상으로 강연하고 학생은 무료로 들을 수 있도록 강의를 개방했다. 운영상의 어려움을 공감하신 연자분들은 스스로 강의료를 반납해 주셨다. 강의장을 무료로 대여해 주신 분들의 헌신 덕에 11월 '상담의 고수'를 끝으로 마지막을 장식할 수 있었다.

2021년부터는 온라인 비대면 강의가 뉴노멀로 자리하면서 회원이면 누구나 강의를 자유롭게 수강할 수 있는 구독서비스를 시작한 플랫폼이 많아졌다.

Dental After School은 최초의 교육구독서비스를 시작했다는 자부심으로 스스로 의미를 부여해 본다.

After School의 어려움을 이겨가며 교육 기획자들이 모여 각자의 재능을 모아 할 수 있는 일을 찾기로 해서 '코로나에 적극적으로 대처하는 치과/치과위생사를 위한 동영상 콘테스트 놀면 뭐하니?'를 기획했다.

코로나로 홍보의 기회가 적어진 회사와 치과위생사 활동을 지지하는 개인이 후원해주신 상금과 물품, 재능으로 이루어진 순수 공동 창작 기획에 48편의 동영상이 응모되었다. 80여 분이 참여해 대성황을 이루었고 마침 의료계 코로나 대응책에 대한 중대본 회의에 '놀면 뭐하니'의 출품작이 소개되기도 하였다.

콘텐츠는 우연한 기회를 만든다.

영향력은 어떻게 부를 만드는가?

치과에서 반복되는 진료업무와 고정된 조직문화, 그리고 권위적인 리더십에 대한 회의로 치과를 떠나고 치과위생사를 그만두고 싶다는 고민을 들을 때가 있다. 특히 다양한 관심사를 가지고 자신의 재능을 키우고 싶은 말괄량이 성향의 선생님들이 더 고민이 많다. 재능이 많은 만큼 하고 싶은 게 많다. 코치로서 나는 5년 전까지 '당신이 좋아하는 것을 하세요. 행복한 것이 중요하죠.'라고 조언했지만, 최근은 좀 다르다.

'당신의 불만이 정말이고 사실인지 생각해 보세요.' 그리고 '그런 외부적인 요인으로 인해 당신의 자존감을 갉아먹고 시간을 소비하면서 굳이 돌아갈 이유가 되는지 생각해 보세요.'라고 질문한다.

치과위생사 직업 자체가 당신을 빛나게 해주지는 않는다. 지금부터라도 불평을 그만두고 치과위생사라는 역할에 충실하고 **치과를 무대 삼아 당신의 콘텐츠를 만들어라.**

치과위생사 직업을 통해 만들어내는 결과는 사람마다 모두 제각각이다.

똑같은 재료를 주고 요리를 만들어 보라고 한다면 단 한 사람도 같은 요리를 만들어 낼 수 없는 것과 같다. 흔한 재료로 최고급 요리를 만들어내는 사람이 있다. 반면, 자연산 전복을 주어도 고민을 하며 밤새 본 경험이 없는 사람은 쉽게 라면에 넣어서 변변치 않은 결과를 만들어낸다.

꼰대력을 발휘하자면, 불평과 부정적인 평가를 그만두고 지금 당장 무엇이든 만들어라. 지금 하는 일에 집중하고, 일을 잘하게 되면 응용해 콘텐츠로 만들라.

한때 치과를 떠나고 싶어서 발버둥 칠 때도 있었지만, 실패의 맛을 본 나에게 다시 받아주는 곳은 치과위생사 역할을 해줄 사람이 필요한 곳이었다. 무엇을 해야 할까 고민을 할 때 새로운 기회를 열어준 곳도 동료들이었다.

학사는 광고를 전공했지만, 대학원과 박사학위는 조직심리/인사조직/리더십을 전공했다. 더 나아질 치과 조직에서 구성원이 더 행복하게 일하고 함께 성장하고 성공할 수 있는 방법을 연구하고 강연하고 실험하고 있다.

2017년과 2018년 치과위생사의 리더십에 대해 학술대회에서 강의를 했었다. 너무나 큰 기회이고 누군가에게 꿈에 무대였을 시간에 후배들과 선배님들 앞에서 강연할 기회를 가진 것만으로 영광이다. 아울러 치과위생사라는 정체성을 가지고 리더십을 바라보고 실천했던 경험을 공유하는 것이다.

그 자체로 소중한 기회가 되지만, 강연을 들은 많은 분 중에 컨설팅과 멘토링을 제안하는 사례가 생겼다.

2021년 대한치과위생사 보수교육 촬영 주제는 '디지털 시대의 치과 상담법'이다. 조직심리와 디지털 상담은 거리가 멀어 보일 수 있다. 하지만, 사람과 미래에 대한 고민은 모두에게 필요하다. 다만 '자신의 콘텐츠를 위해 얼마나 고민하고 노력했느냐?'는 질문에 자신이 있다면 어떤 주제든 자기만의 콘텐츠로 만들어 낼 수 있다.

그래서 얼마를 벌고 있냐고? 수입 면에서 최고의 시기는 2016~2018년 초였다. 고정 수입이 확보될 때까지는 양손잡이 전략을 사용해라. 콘텐츠에 자신감이 생겨도 팬층이 확보되기 전까지는 안정적인 수입을 유지하고 몸이 조금 힘들어도 직장과 자신의 콘텐츠라는 두 마리 토끼를 모두 잡아라.

역할에 충실하되 결정과 시간의 자유를 얻을 수 있도록 누구라도 당신과 당신의 콘텐츠를 언제든지 쓰고 싶어지도록 녹슬지 않은 칼이 되어라. 자연스럽게 기회가 당신을 쫓아오게 된다.

이제는 치과를 퇴사하고 사업을 통해 대표로서 자리매김하는 과정에 있어 수입에 변동이 많다. 대신 요즘은 사람을 벌고 있다. 우연한 행운은 사람을 통해 온다. 불평하는 사람은 외로워진다. 지금 새로운 것을 고민하기보다 먼저 고민을 나눌 사람을 찾아가서 긍정의 에너지를 교환하는 것을 추천한다.

앞으로 더 많은 사람과 돈이 되고 의미가 되는 많은 일을 할 준비를 하고 있다. 치과위생사로서 말이다.

개인적으로 2022년에 집중하려는 두 가지 계획이 있다.

Small Step은 치과위생사를 중심으로 한 보건의료종사자들이 함께 성장하고 성숙하고 성공하는 자기계발 선수촌을 만들기 위해 시작한 모임이다. 현재는 체력개발을 주제로 활동하고 있지만, 점차 역량계발을 위한 소모임도 추진할 예정이다.

한국보건의료상담대학의 출범을 앞두고 있다. 수술과 치료 후 환자의 건강을 책임지는 상담이 치료의 한 영역으로 자리를 잡을 수 있도록 공동의 노력이 이루어질 예정이다.

병원에서 환자와 대화를 통해 치유를 돕는 모든 구성원이 자부심을 가지고 상담할 수 있게 되리라 생각한다.

비대면이 상시화 되고 있는 요즘 비록 몸은 거리두기를 하고 있지만, 개인의 독창성이 담긴 많은 콘텐츠가 쏟아져 나와 다양한 분야에서 연대감을 쌓고 후배들을 이끌어 줄 멘토가 많아지길 바래본다.

과거에는 빨리 은퇴하기 위해 열심히 일했다면, 요즘은 더 오래 일하기 위해 달리고 배우고 소통하고 있다. Small Step을 걷고 있는 김예성은 공부하는 치과위생사다.

나는 행복한
임상 치과위생사다

서희성

- 형치과병원 차장
- 원치과의원 실장
- 예방 및 임상전문 강사
- 대한보건인재개발원 이사
- 서울시 치과위생사회 부회장
- 2021 보건복지부장관상 수상
- 경희의료원 경희대학교 치위생과 졸업

엄마로서 아내로서 육아를 하며 치과위생사로 살아가는 건 힘든 일이지만 나는 두 마리 토끼를 다 잡았다. 언제나 힘이 되어 주는 가족이 있기에 52세에도 새로운 꿈과 성장을 꿈꾸며 실천하고 있다. 내 인생에서 가장 빛나던 25세처럼 오늘도 진료실 놀이터에서 최선을 다하는 나는 행복한 치과위생사다.

★이메일 : shs8341@hanmail.net
★인스타그램 : seo.heesung912

28년차 치과위생사의 임상 이야기

　새벽 6시, 스마트폰 알람이 울린다. 매일 아침 눈을 뜨는 것보다 따뜻한 이불 속에 파묻혀 있는 것이 좋긴 하지만 오늘도 펼쳐질 임상에서의 행복한 시간이 더 설레고 소중하기에 혼자만의 즐거운 전쟁을 치른다. 매일 같은 일상이 반복되지만 언제나 새롭고 설렌다. 특히 새로 만날 환자분들을 생각해 보며 하루를 준비하는 시간이 너무 좋다. 어김없이 임상에서 유니폼으로 무장을 하는 난 행복한 28년차 치과위생사다.

　부모님의 권유로 들어간 치위생과에 처음 입학해서는 적성에 맞지 않아 열심히 공부하지 못했지만, 임상 실습을 하면서부터 흥미를 느끼기 시작했다. 졸업 후에 취업을 하고 어려운 일도 빠르게 배워나갔다.

　4년 동안 여러 치과병원을 다니며 일을 배웠고 결혼 후에는 남편을 따라 지방으로 가게 됐다. 연년생인 두 아이를 키우면서 낯선 곳에 적응하는 것이 너무 힘들어 잠시 일을 그만두기도 했다. 살림하면서 육아에만 매달리고 있던 어느 순간 보니 나의 꿈은 전공 서적 한 페이지에 고이 접혀 있었다. 4년의 지방 생활을 접고 서울에 올라와서도 여전히 살림에 몰두해 있던 나에게 어느 날 선배가 "다시 치과에서 일해 볼 생각은 없느냐"라고 물었다.

아이들을 키우는 건 힘들지만 엄마가 해야 하는 일이라는 책임감과 성장하는 아이들을 보는 것이 즐겁고 행복했기 때문에 일을 그만둔 것을 후회하지 않았다.

겉으로는 현모양처가 꿈이라고 말했지만, 그 기회로 다시 예전의 내 모습을 찾아보고 싶기도 했다. 그러다 마침 지인이 좋은 병원을 추천해서 면접을 보았고, 운이 좋게 원장님 여섯 분과 치과위생사 수십 명 그리고 기획실 등이 있는, 5층 건물에 자리한 제법 큰 규모의 치과병원에 성품이 좋으신 원장님과 같이 근무할 수 있게 되었다. 나는 두 아이를 키우고 있었던 중이라 당분간 아이들이 어린이집에서 적응할 수 있는 시간을 달라고 요청했고 원장님께서 흔쾌히 허락해 주셔서 감사했다. 다시 일을 시작하면서 좋은 원장님을 만난 건 큰 행운이었다.

그곳에서 나는 어린이 치과의 실장으로 근무하게 되었다. 그전에는 성인 치과에서 일하던 경험밖에 없어서 어린이 치과에 적응하기가 너무 힘들었다. 울고 떼쓰고 몸부림치는 아이들을 잡고 어르고 달래는 게 쉬운 일은 아니었다. 첫날을 보내고 나니 출근 전 가졌던 다부진 기대와 자신감은 사라지고 없었다.

어린이 치과에서 6개월 정도 근무하다가 성인 치과로 옮겼지만, 팀에 소속되지 않은 채로 필요한 곳을 찾아다니며 바쁜 팀의 일을 도와주는 업무였다. 어디에도 소속되어 있지 않으면 내 몸 하나 두기도 난감할 때가 많다. 이런 상황 속에서 내가 할 수 있던 일은 모든 팀의 진료를 도우며 어디든 달려가는 것이었다.

소속 없이 일하는 게 지칠 때쯤 새로운 원장님 한 분이 병원으로 오셔서 함께 일을 하게 되었다. 몇 년이 지난 후에는 대표 원장님께서 팀에 합류할 것을 제안해주셔서 또 다른 기회가 생겼다.

초심으로 돌아간다는 마음으로 열심히 일을 배우고 팀원들과 손발을 맞추어 나갔다. 찾아오는 환자들이 많아지고 상담도 잘 되고 매달 수입도 늘어 인센티브도 많이 받는 등 모든 일이 순탄하게 진행되었다. 일주일에 세 번 이상 스케줄에 없는 야간진료를 했지만 투덜거리는 사람 없이 모두가 행복했다. 원장님과 팀원들과 함께 일하는 것이 너무 좋았다. 일하면서 느끼는 보람도 있지만 나에게 믿음을 주고 인정을 해주는 분위기에 힘이 났다. 그때의 보람과 인정받았던 순간들이 모여 지금의 내가 만들어진 것 같다.

　처음에 힘들었을 때는 하루도 안 돼서 '내일부터는 나가지 말아야지'라고 결심했었다. 하지만 다음 날 아침이 되었을 때 어김없이 출근 준비를 하고 있었다. 그리고는 '일주일만 하고 그만두자'라고 결심했다. 하지만 일주일이 지나도 또 출근을 준비하고 있었다. 그렇게 하루가 일주일이 되고 한 달이 지나고 1년이 지나고 20년이 지난 지금까지 이어져 왔다.

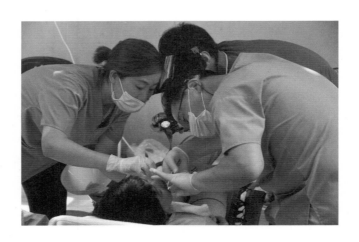

인생의 버팀목은 늘 주위에 있다

근무하던 치과는 매년 연봉협상을 하였는데 원장님들과 전체 직원들이 상대평가로 점수를 매기고 점수 등급에 따라 연봉을 책정하는 방식이다. 팀에 소속되어 있지도 않은 데다 육아로 4년을 쉬고 온 나에겐 너무도 불리한 조건이었다.

병원의 방침이니 따를 수밖에 없었고, 내 연봉은 기존에 받던 것보다 훨씬 적었다. 그땐 자존심이 상했고 이런 취급을 받으면서까지 치과에 있을 필요가 없다는 생각에 그만두기로 결심했다. 그런데 친한 동기가 사직서를 들고 원장님께 가는 나를 붙잡으며 말했다.

"지금 네가 여기서 그만두면 넌 평생 그저 그런 사람으로 남는 거야. 나가더라도 뭔가 보여주고 나가야 되는 거 아니니?" 그 말을 들으니 정신이 번쩍 들었다. 기회도 주지 않는 병원이었지만 치과위생사로서 자부심을 가지고 내가 가진 능력을 보여주고 싶었다.

그때부터 부족한 부분을 누구보다 열심히 공부하며 채우기 시작했고 모든 일에 진심을 다해서 보여주려고 노력했다. 그런 노력과 진심은 결국 통했던 것 같다. 병원에서는 인정받고 원장님이 신뢰하기 시작하셨다. 원장님은 내가 치과위생사를 계속할 수 있게 버팀목이 되어 주셨고 어느 상황에서도 앞으로 나아갈 수 있게 믿어 주시는 정말 좋으신 분이다. 이것이 지금까지도 내가 그 원장님과 계속 일을 하게 된 이유가 되지 않을까 싶다. 치과 임상에서 일하면서 치과위생사로서 나를 신뢰하고 인정하며 성장하게 하는 원장님과 동기를 만난다는 건 정말 큰 행운이라고 생각한다. 일을 하면서 제일 고마웠던 점은 봉사라는 새로운 경험을 통해 배운 사랑의 감정이다. 1992년 처음 경희대학교 치과 의료 연구회에서 매주 일요일 진료 봉사를 시작으로 장애인 복지시설인 임마누엘의 집에 방문하고 위로 봉사에 참여하면서 새로운 시선을 가지게 되었다. 이후에는 청량리 저소득층 봉사 지원 활동(밥퍼 활동)과 연탄 나르기 봉사, 태안 기름유출 사고 당시 해안가 기름 막 제거 봉사, 지역 어린이 대상 구강 보건 교육, 장애인 복지시설 '정립회관'에서 진행한 소아마비와 뇌성마비 장애인의 진료 봉사 등 다양한 경험을 통해 더 많은 봉사활동을 하고 싶은 마음이 생겼다. 특히 외국인 노동자와 해외를 대상으로 활동하면서 마음의 깊이를 느끼게 되었다. 당시 안산시 외국인 노동자들에게 구강 관리 교육을 하고 필리핀 수비크, 몽골 울란바토르, 케냐 가르센 등 오지를 다니며 의료 봉사를 했다. 특히 캄보디아 해외 봉사가 가장 기억에 남는다. 현지 아이들의 맑은 눈을 보며 나의 진료가 아이들에게 더 많은 희망을 주었다는 생각이 진한 여운으로 남은 소중한 시간이었다.

이것이 치과위생사를 직업으로 가진 것에 큰 보람과 행복을 느끼게 된 시작점이었다. 열심히 그리고 진심으로 봉사한 덕분에 서울시치과위생사회의 추천으로 보건복지부장관상을 받기도 했다. 상을 받기 위해서도 아니고 누군가에게 보이기 위해서도 아니었다. 봉사는 진정한 행복을 찾게 해준 고마운 경험이기에 아직도 시간이 날 때마다 행복의 길을 찾아가고 있다.

한 우물만 열심히 파야 한다

치과위생사는 연차별로 하는 일이 각기 다르다. 자신이 하기 싫은 일을 신입 직원에게 무조건 떠넘기기보다 연차에 맞게 하나하나 가르쳐주면서 실력을 쌓도록 도와주는 것이 선배의 일이라고 생각한다. 요즘 치과위생사들을 보면 1년도 못 채우고 다른 일을 찾는 경우가 많다. 그럴 때 제일 먼저 물어보는 게 있다. "정말 하고 싶은 게 뭐야? 어떻게 하고 싶어?" 이렇게 물어보면 대부분은 특별하게 생각한 것도 없고 그냥 치과위생사 아닌 다른 일을 해보고 싶다는 대답뿐이다.

물론 나도 그런 적이 세 번 정도 있었다. 처음엔 아이와 가정을 돌보는 현모양처가 되고 싶어서, 두 번째는 자존심이 상해서, 세 번째는 자녀들을 보살피는 게 가장 중요한 시기라 생각해서 가정으로 돌아가려고 했다. 하지만 결국 다시 돌아와 선택한 길은 치과위생사다.

두 아이가 고등학교 1, 2학년이 되었을 때 남편 직장을 따라 이사를 하게 되었다. 다니던 치과는 분당 끝이었는데 이사한 곳은 일산이라 거리도 멀어지고 건강도 많이 안 좋아졌다. 그래서 과감하게 일을 그만두었다. 그동안 일하느라 챙기지 못한 아이들의 진로에 중요한 시기였기에 조금이나마 힘이 되어 주고 싶기도 했다. 그때는 가족과 함께 시간을 보내는 것이 더 중요하다고 생각을 했다. 그런데 치과를 그만둔 후에도 주위에서 병원 일을 도와 달라는 요청이 많았다. 아이들을 돌보면서 일할 수 있는 프리랜서는 어떨까 생각하던 중 친구의 권유로 예방프로그램을 운영하는 컨설턴트로 일하게 되었다.

함께했던 예방 컨설턴트 팀은 10년 이상의 임상 경험 있는 치과위생사로 구성되어 있었다. 처음에는 파트타임으로 일을 도와주는 정도였는데 이제는 치과에서 모든 스케줄을 맞추어서라도 같이 일하고 싶은 전문 컨설턴트로 인정받고 있다.

상담 역량이 부족한 치과에는 상담할 때의 노하우를, 진료역량이 부족한 치과에는 진료교육과 임상 테크닉을, 재료 선택에 고민이 있는 치과에는 그에 맞는 재료 추천 및 사용방법을 알려준다. 어떻게 보면 당연한 말이지만 서로가 바쁘게 일에 쫓기다 보면 자기가 맡은 일을 혼자 결정하고 진행하면서 소통의 부재가 생긴다. 이런 상황이 반복되다 보면 당연히 해야 할 것을 놓치는 경우가 있다. 컨설턴트는 각 병원의 상황을 넓은 시야로 바라보고 부족한 부분을 채워주는 역할을 하고 있다.

종종 환자에게 "어디가 불편해서 오셨어요?"라고 물어보면 "그걸 왜 나한테 물어? 너희가 찾아야지."라고 말하는 경우가 있다. 어떻게 보면 당황스러울 수도 있지만, 다시 생각해 보면 환자들의 불편함을 찾아서 소통하고 공감하는 것이 환자와 병원 사이의 중간 매개체인 치과위생사의 일이다.

컨설팅에서 제일 중요한 부분은 팀원과의 소통과 이해다. 때로는 집에 있는 시간보다 병원에서 함께 하는 시간이 더 많다. 그러다 보니 각자 잘하는 일이 무엇인지 알고 있다. 자신이 잘하는 일은 최선을 다하고 부족한 부분은 서로 도움을 줄 수 있어야 하며, 모든 일은 함께 공유하고 의논한다. 모든 일이 매끄럽게 진행되기 위해서는 내부의 소통과 단합이 중요하다.

　대부분의 사람들은 우물을 만들기 위해 땅을 조금 파다가 물이 안 나오면 다른 곳을 찾아 떠난다. 결국 여기 저기 파다가 물이 나오지 않으면 포기한다. 하지만 물이 나올 때까지 한 우물을 파는 사람이 있다. 여러 군데 땅을 파는 사람은 한 곳만 파는 사람을 미련하다고 생각하지만 결국 한 군데만 판 사람의 우물에서만 물이 콸콸 나온다. 물론 결과도 중요하지만 포기하지 않고 노력하는 자만이 느낄 수 있는 성취감을 맛볼 수 있다.

　우리 직업도 마찬가지이다. '만약 치과위생사를 포기하고 다른 직업으로 옮겼다면 현재 지금 이 자리에 설 수 있었을까'라는 생각이 든다. 나는 치과위생사라는 직업을 사랑하고 치과에서 하는 일이 행복하다. 지금 이런 마음을 가질 수 있는 건 포기하지 않고 치과위생사라는 한 우물을 파면서 끝까지 최선을 다한 결과가 아닐까?

두 마리 토끼를 다 잡았다

아이들이 어릴 때는 두 아이를 친정엄마가 키워주신다고 했었다. 아이들과 떨어질 수 없었던 나는 일하면서 키우는 것을 선택했다. 아이들과 함께 지낼 수 있어 행복했지만 일과 육아를 병행하는 게 힘들었던 건 사실이다. 일을 다니면서 아이들을 키우는 건 원더우먼만이 가능한 일이 아닐까 생각했다. 정시에 퇴근하면 어린이집 마감 시간이 촉박하기 일쑤였다. 조금이라도 늦으면 누군가에게 부탁하기 위해 아쉬운 소리를 해야 하는 워킹맘은 너무 힘들었다. 작은아이가 고작 25개월 됐을 무렵 병원에 출근하게 되었는데, 어린이집에 갈 때마다 아이들이 내 다리를 붙잡고 "엄마 가지 마. 가지 마." 하고 울거나, "엄마가 일을 안 했으면 좋겠어"라고 말한 적도 여러 번 있었다. 퇴근 시간이 되면 제일 먼저 사라지는 사람이 나다. 칼퇴근으로 유명했다. 독박 육아였고 어린이집과 유치원을 보낼 때 아이들이 항상 종일반에서 지내야만 하는 것이 안타까웠기 때문에 어쩔 수 없었다.

큰아들은 6학년 겨울 방학 때 운동을 시작했다. 일하면서도 나름 열심히 아들을 응원했다. 하루는 아이가 "엄마, 내가 어떤 선수가 되면 좋겠어?"라며 물었고 난 "아프지 말고 다치지 말고 네가 계속 운동을 좋아했으면 좋겠어."라고 말했다. "엄마는 내가 유명한 선수가 되면 좋지 않아?"라는 아들의 말에 "네가 아프고 다치고 운동을 싫어하면 잘하는 선수가 될 수 없잖아."라고 대답했다.

둘째 딸은 오빠가 운동을 했기 때문에 항상 같이 따라다닐 수밖에 없었다. 딸아이는 손재주가 좋아서 그림에 소질이 있고 주변 사람들에게도 참 잘한다는 말을 많이 들었다. 큰아이의 진로는 운동으로 작은아이는 미술로 진로를 정했다. 중, 고등학교 시절 두 아이 모두 순탄하게 잘 따라 주었고 별문제가 없었지만, 대학입시 때의 그 떨림은 지금 생각해 봐도 떨린다. 이젠 아이들 모두 대학에 다니고 있고 같은 학교, 같은 캠퍼스에서 각자가 좋아하는 전공을 공부하고 있어서 서로 의지가 되고 있다. 그동안 정신없이 일하고 육아하느라 힘들었던 모든 순간을 보상받는 것처럼 행복하다.

인생에 수많은 고난과 시련이 있다 하더라도 내가 일하고 있는 순간에 모든 에너지를 발산할 때 그때가 가장 행복한 순간이다.

치과에 있을 때 내 몸의 모든 세포가 살아있음을 느낀다. 진료실에 있을 때가 제일 행복하며, 환자들과 얘기하고 환자들의 불편한 것을 들어주고 환자들의 눈높이에 맞춰서 진료할 때가 제일 즐겁다. 그중에서도 스케일링과 전문가 잇솔질을 하고 환자에게 예방업무를 할 때 보람을 느낀다. 예방 분야에서 치과위생사가 독립적으로 일할 수 있는 업무가 많기 때문이다.

치과위생사에게 있어 예방과 치주 관리는 정말 중요한 업무라고 생각한다. 그래서 예방의 중요성에 대해 임상가로서 열심히 강의하면서 알리고 있다. 강의는 꼭 학교 교수님들만 잘하는 게 아니라 임상가들도 잘할 수 있다는 걸 후배들에게 보여주고 싶다.

이렇게 말하면 꼰대라고 하겠지만 요즘 친구들은 워라밸(Work-life

balance)을 이야기하며 일은 열심히 하지 않고 열심히 즐기는 것만을 강조한다. 행복한 삶을 위해서는 지금 하고 있는 일에 진심으로 최선을 다해야 한다고 생각한다. 단순히 일과 삶의 균형을 위한 잣대가 아닌 자신의 마음의 행복과 사랑의 에너지로 주어진 일을 충실하게 하는 게 진정한 워라밸이라고 생각한다.

최근 노인 인구가 많아지면서 노인의 건강 건강은 더욱 중요하게 대두되고 있다. 노인이 구강 관리에 소홀히 하면 더 빠른 속도로 나빠지기 때문에 노인의 구강병 예방에도 특히 힘써야 한다.

10년 후에 나는 전문가구강관리로 특화된 노인요양원을 운영하는 것을 목표로 하고 있다. 그래서 지금은 사회복지사 자격증을 따기 위해 준비하고 있다.

지금처럼 열심히 치과 임상에서 근무하고 제일 자신 있는 임상 교육을 후배들에게 강의하면서 미래를 위해 조금씩 나아가다 보면 언젠가는 꿈을 이룰 수 있을 것이라 기대한다.

직접 운영하는 요양원에서 현재 대학에서 체육을 전공하고 있는 큰아들은 노인 스포츠를 가르쳐주고 미술을 전공하고 있는 딸아이는 미술치료로 재능 기부를 나는 전문가 잇솔질을 하는 모습은 상상만 해도 행복하다. 이 꿈을 실천할 수 있도록 현재 남편도 함께 사회복지사 공부를 시작했다.

상상이 현실이 될 수 있도록 매일 아침 6시에 출근 준비를 한다. 그것이 나에게 가장 행복한 일이니까.

성공보다 성장을
추구하는 1인 기업가

유은미

• 디엠플러스(DM plus) 대표
• 한양여자대학 치위생과 겸임교수
• 대한치과위생사협회 서울특별시회 회장
• HN 진로코치단 및 진로강사협의회 강사
• 신구대학교 치위생과 졸업
• 연세대학교 보건 관리학 석사
• 연세대학교 치과대학 치의학 박사
• 2019년 보건복지부 장관상 수상

치과위생사로서 할 수 있는 다양한 직업 경험을 바탕으로 미래와 진로를 고민하는 치과위생사들과 함께 성장하고 꿈을 키워가는 디엠플러스(Dream Mate Plus)라는 1인 기업을 운영하는 치과위생사이다.

★이메일 : dmplus0310@naver.com
★인스타그램 : https://www.instagram.com/dmplus0310/
★블로그 : https://blog.naver.com/dmplus0310

어쩌다, 경력단절 치과위생사

2014년 2월, 박사학위를 받는 날 나는 동시에 경력단절 치과위생사가 되었다.

임상에서 후배들을 가르치며 내가 가르치는 일에 소질이 있음을 깨달았고 서른을 넘긴 나이에 꿈을 위한 도전을 다시 시작했다. 정규직 치과위생사로 10년 넘게 근무하던 안정적인 직장을 포기하고 비정규직 치과위생사와 학업을 병행하며 박사과정을 위해 또 다른 10년을 투자 했다. 그런데 영어로 빼곡한 졸업논문을 받던 날의 뿌듯함과 만족감은 한 달도 채 가지 않았고 어느 새 나는 경력단절 치과위생사가 되어 새로운 시작을 준비해야 하는 현실적 문제에 직면해 있었다.

박사학위를 취득하면 전임교수의 꿈을 바로 실현할 수 있을 줄 알았다. 하지만 서울 근교의 대학은 쉽게 자리가 나지 않는데다 지방에 있는 대학에 지원하기에는 대학입시를 앞둔 딸이 마음에 걸렸고, 가족의 곁을 떠나 낯선 환경에 적응한다는 것이 엄두가 나지 않았다. 그러다 보니 선택의 폭은 자연히 좁아지고 전임교수의 꿈은 나에게서 점점 멀어져 갔다. 돌아보면 새로운 환경에 도전할 자신이 없었던 나의 비겁한 변명이었을

지도 모른다.

쉬지 않고 열정으로 달려왔는데 40대 중반에 갑자기 길을
잃었다.

다시 임상으로 돌아가는 것은 그만 둘 때의 상황보다 어려웠다. 임상에
서 나는 고 학력, 고 연령의 부담스러운 직원이 되었기 때문이다. 강사로
평생을 살아가는 것도 생각해 보았지만 보장되지 않는 미래가 불안했다.
그렇다고 마냥 주저앉아 있을 수만은 없기에 현재의 내 자신을 객관적으
로 평가해 보았다. 내가 좋아 하는 것, 잘하는 것, 그리고 치과위생사로
서 어떤 일이 나를 가슴 뛰게 했고 행복하게 했는지 생각해 보았다.
임상에서 가장 행복했던 순간이 있다면 나에게 스케일링을 받은 후 돌
아가는 환자들의 미소 띤 모습을 볼 때였다. 그 분들은 재 내원 시 꼭 나
를 다시 찾았고 친구들과 가족들도 내가 해주는 스케일링은 뭔가 다르다
며 칭찬을 하곤 했다. 무엇이 차별화 된 것일까 거기서 해답을 찾기로 했
다. 생각해 보니 나는 스케일링 하는 것을 정말 좋아했기에 간단한 스케
일링을 하면서도 환자들이 최대한 안 아프고 편하게 받으실 수 있도록 노
력했고 스스로 구강관리를 하실 수 있도록 진심으로 대하려고 노력했던
것 같다. 차별화된 스케일링으로 예방프로그램을 운영하는 것은 치과위
생사의 전문성을 높일 수 있는 일이기에 의미있는 일이기도 하다.

그래! 스케일링 센터에서 예방프로그램을 운영하며 빛을 발하는
치과위생사가 되어야겠다.

좌충우돌 1인 기업 도전기

　처음에는 강의를 하면서 치과의원의 스케일링센터에서 예방프로그램을 운영해 보았다. 운영한 예방프로그램은 다른 치과에서 제안이 들어올 정도로 성공적이었다. 그래서 조금 더 업무 영역을 넓혀서 컨설팅과 교육을 통해 여러 병원에 예방프로그램을 진행해보기로 했다. 예방프로그램을 위한 기획안을 만들고 여기저기 자문을 구하다보니 나랑 비슷한 생각을 하는 치과위생사들이 있었다. 함께하면 더 나아갈 수 있다는 생각에 네 명의 치과위생사가 공동 창업을 하기로 했다.

　병원 일과 공부만 하던 사람이 사업을 하겠다고 하니 주변에서는 우려가 많았다. 지인들이 충고를 할 땐 무조건 귀를 막기 보다는 조언을 듣고 객관적으로 다시 생각해 보아야 한다는 것이 나의 지론이었지만 그럼에도 예방프로그램을 전문적으로 운영하고 알리는 일은 치과위생사로서 꼭 해보고 싶은 일이었다. 사업을 시작하고 어려움에 봉착해 후회하기보다 머뭇거리다가 아쉬움을 남기는 것이 더 싫었기에 새로운 출발선에 서기로 했다.

　사업은 그동안 내가 해왔던 일과는 다른 방식의 어려운 일이었다. 하지만 함께 시작한 동료들이 있었기에 해낼 수 있었다. 3년을 동고동락하며 예방프로그램과 의료서비스 교육 그리고 치과위생사의 경력개발 등 다양한 일들을 만들어갔다. 공동 프로젝트와 개별 프로젝트를 병행하면서 우리는 '따로 또 같이'로 사업의 효율성을 높였다.

공동창업은 함께이기 때문에 용기 낼 수 있었고 어려운 시기에 서로에게 울타리가 될 수 있었다. 새로운 길을 걸어보는 경험을 할 수 있었고 그 경험을 바탕으로 홀로서기를 시작할 수 있었다. 3년의 시간이 지난 후 우리는 시작할 때 약속했던 것처럼 공동 창업을 마무리하고 각자 프리랜서 또는 1인 기업가로 첫 걸음을 시작했다.

1인 기업은 프리랜서처럼 직원 없이 혼자서 일을 하게 되지만 사업자 등록을 해야 한다는 점에서 차이가 있다. 자신의 생각과 비전, 가치관을 마음껏 펼쳐 나갈 수 있다는 장점이 있지만 모든 일을 혼자 결정하고 스스로 만들어가며, 모든 결과에 대한 책임도 온전하게 스스로 감당해야 하는 외로운 길이다.

회사 이름과 로고, 홈페이지 문구 하나하나와 은행과 우체국 업무 등 일상적인 일에서 프로그램의 개발과 강사 섭외, 강의 지원도 모두 내 손을 거쳐야만 한다.

3년 동안 공동창업을 통해 사업 감각을 충분하게 익혔다고 생각했지만 1인 기업을 시작해 보니 부족함이 많았다. 새삼 그동안 부족함을 채워 준 파트너들에 대한 고마움이 느껴졌다.

내 인생에서 지우고 싶은 순간이 있다면 처음 예방컨설팅 제안을 위해 방문한 치과 담당자와의 미팅자리가 그렇다. 열심히 준비했으나 원하는 부분을 제대로 채우지 못한 나에게 담당자는 차가웠다. 대학을 방문해서 학생대상 교육사업과 프로그램을 설명하는 홍보 업무에서도 입이 떨어지지 않아 난감했던 적이 있다. 그런 경험 속에서 내가 경영에 대해 너무 무지하다는 것을 깨달았고 기업이 잘 하는 것보다 고객이 원하는 걸 준비해야 하는 것을 알게 되었다.

그래서 고객중심 마인드로 무장하기 위한 준비를 했다. 인터넷에서 필요 강좌를 찾아 열심히 수강을 하고, 먼저 창업한 선배들을 찾아가 사업의 노하우와 네트워크 관리 등 경영자로써 필요한 태도도 배우고 정보도 얻었다. 그리고 그 결과들이 모여 고객지향적 제안서를 만들 수 있게 되었다.

사업 시작 초기에 브랜딩과 안정적인 수익구조를 만드는 것은 생각보다 어려웠지만 미래에 대한 희망으로 약간은 가벼운 마음도 있었다. 하지만 1년이 지나고 여러 번의 시행착오와 실패를 경험 하면서 마음 한구석에서 초조와 불안 그리고 스트레스가 쌓이기 시작했고 자신감이 조금씩 상실되기도 했다.

박사과정을 마치고 어렵게 사업을 시작했는데 이렇다 할 성과를 내지 못하는 것 같아 가족들에게 면목이 없었고 지인들을 만나 근황을 이야기할 때는 자신감이 급격히 떨어졌다.

설상가상으로 코로나19 상황에 직면했고 모든 사업이 중단되면서 6개월의 시간을 멍하니 흘려보내기도 했다. 처음에는 이런 현실이 당황스럽고 불안했지만 시간이 지나면서 내 안의 끈기와 긍정이 고개를 들었다.

"나에게만 일어난 일이 아니고 모두에게 똑같이 주어진
상황이라면 나만의 방법으로 다음을 준비하자"

1인 기업가에게 필요한 것들

　1인 기업은 직장인과 비교해 보면 업무의 종료가 명확하지 않다는 단점이 있다. 직장에 다닐 때는 출근과 퇴근이라는 경계가 명확했는데 사업을 하다보면 가끔 새벽에 출근하기도 하고 퇴근 후에 본격적인 업무가 시작되기도 한다.

　하지만 1인 기업은 끊임없이 발전하고 공부할 수 있고 나이가 들면서도 지속적인 성장이 가능하다. 시간을 자유롭게 사용할 수 있기 때문에 직장생활 때는 일정이 맞지 않아 미루어두었던 자기계발을 포함한 다양한 공부와 활동을 할 수 있다.

　또한, 지식기반 1인 기업으로 활동한다면 초기투자비용에 대한 부담이 적다는 장점도 있다. 그저 자신의 재능과 정보력이면 충분하다. 고정지출에 대한 부담이 없다는 것도 장점 중 하나이다. 사무실과 고정으로 월급을 주는 직원이 없으니 고정 지출이 없어 위기를 버틸 수 있는 생존력이 있다. 필요에 따라서는 공유 사무실을 단기로 임대해 프리랜서와 함께 일하면 충분하다. 플랫폼의 발전으로 전문가와 협업하는 것도 어렵지 않다.

　1인 기업가로서 하고자 하는 마음은 있는 데 자신이 없다면 현재의 직장과 병행하면서 해볼 것을 우선 추천한다. 사업자 없이도 일할 수 있는 강의나 프리랜서 업무는 얼마든지 찾을 수 있다. 처음에는 거창하게 생각하지 말고 조금씩 내가 할 수 있는 분야를 넓혀가다 보면 사업에 대한 감각을 익힐 수 있다.

1인 기업을 하기 위해서 반드시 필요한 것도 있다. 그것은 바로 '도전정신'이라고 생각한다. 때때로 주저하며 쉽게 도전하지 못하는 사람들은 자신에게는 재능도 없고 잘나지 못한 것 같다고 생각하며 아무런 시도나 노력도 하지 않는 경우가 많다.

만약 새로운 도전에 대한 의지가 있다면, '저 사람처럼 할 수 있을까'란 의심으로 포기하기보단 '나만의 것을 만들 수 있다'는 믿음으로 시작해 보길 바란다.

시작하면 해결해야 할 문제가 생기고, 문제를 해결하기 위해 실행하면 개선할 피드백이 돌아오고 이 과정은 반복하면 성과가 난다. 지금 미래에 대해 불안해하고 있거나 경력단절 상태에서 새로운 도전을 원하지만 주저하고 있다면 일단 무엇이든 시작하라 그리고 어떤 어려움이 있어도 끝까지 버티라고 말하고 싶다.

코로나 19가 끝나도 모든 상황이 이전으로 돌아가지는 않을 것이라고 다들 예측하고 있다. 그러니 더이상 상황 때문에 할 수 없다는 변명을 하기보다는 위기를 기회 삼아 성장을 향해 도전하고 변화하는 것을 추천하고 싶다. 나는 위기상황에서 교육서비스를 전달하는 메신저로서 대면과 비대면 모두 자유롭게 활용하고 누구나 쉽고 편하게 공부할 수 있는 환경을 만들기 위해 다양한 공부를 시작하며 또 한번의 업그레이드를 준비하였다. 그 결과 그동안 해왔던 대면강의들을 언제든 비대면 강의로 전환할 수 있도록 온라인사이트를 구축할 수 있었다.

교육분야

병원코디네이터   치과보험청구사   교정전문가과정-임...   국시아카데미   강사교육과정

　또한 시간이 날때마다 조금씩 글을 쓰기 시작하면서 1인 기업협회에서 만난 사람들과《내 직업을 소개합니다》라는 책에 공동저자로서 참여하기도 했다. 책을 집필하는 과정에서 다양한 분야에 종사하는 사람들과 새로운 인연이 되어 직업에 대한 깊은 대화를 나누었는데 내 인생과 직업을 돌아볼 수 있는 정말 의미 있고 소중한 시간이었다. 이것을 계기로 치과위생사들의 다양한 직업 세계를 알리기 위한 인터뷰를 블로그에 꾸준히 올리기도 하고 치과위생사 공동저자로 출판기획을 하는 등 새로운 도약을 시도하고 있다.

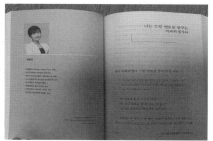

1인 기업가에게 필요한 두 번째는 '인간관계'이다. 대학시절 소극적이었던 나는 친구들과도 교수님과도 제대로 소통하지 못했고 그건 치과위생사를 하면서도 큰 마이너스 요인이 되었다. 하지만 서른이 넘어 만난 친구와 선후배 덕분에 나는 사람들에게 어떻게 다가가고 소통해야 하는지를 배웠고 그때부터 차곡차곡 쌓은 진심이 담긴 인간관계는 나에게 큰 자산이 되었다. 물론 그들은 지금도 나의 곁에서 조언을 아끼지 않으며 든든한 지원군이 되고 있다.

좋은 사람 곁에는 좋은 사람이 모인다고 한다. 좋은 사람을 만나고 싶다면 상대에게 좋은 사람이 되어주어야 한다. 마음을 다해 상대를 위하는 것이 중요하다. 상대방을 위해 정보를 공유하는 것도 하나의 방법이다. 코드가 맞고 도움이 되며 만나서 헤어질 때까지 웃음이 넘치는 사람을 곁에 많이 두고 싶다면 내가 그런 사람이 되어주면 된다. 당신이 진심으로 말하고 소통할 때 상대도 당신을 진심으로 대할 것이다.

"내가 무슨 말을 했느냐가 중요한 것이 아니라, 상대방이 무슨 말을 들었느냐가 중요하다."

경영학 그루 피터 드러커는 성공 요소로 커뮤니케이션을 강조하면서 이렇게 말했다. 사람들과 소통하고 사람들의 욕구를 충족시키는 상품은 잘 팔릴 수밖에 없고 그렇게 하기 위해서는 그들의 이야기를 잘 듣는 능력이 필요하기 때문이다. 진심이 담긴 인간관계에 투자하다 보면 당신의 상품은 저절로 잘 팔리게 될 것이다.

Dream Mate : 함께 꿈을 이룬다는 것

30대에는 누군가의 꿈이 되기 위해 열심히 살았다. 과거에 내가 꾼 꿈은 치열하게 경쟁하여 성공의 대열에 올라가는 것이었다. 그래야 누군가의 꿈이 될 수 있다고 생각했다. 하지만 그것은 내가 정말 행복해지는 나의 삶이 아니라는 것을 40이 넘어서야 깨달았다. 영화 어바웃 타임에 나오는 말처럼 인생은 모두가 함께 하는 여행이고 매일 매일 사는 동안 우리가 할 수 있는 건 최선을 다해 이 멋진 여행을 만끽하는 것이다. 그래서 나는 이젠 나와 우리가 행복할 수 있는 새로운 꿈을 꾸기로 했다.

ㅣ'치과위생사들과 함께 꿈을 꾸고 성장하는 사람'ㅣ

8년 전 박사학위를 따자마자 경력단절이 되었지만, 치과위생사로서 나의 삶과 도전은 멈추지 않았다. 선생님을 막연히 꿈꾸던 한 아이는 이제 교육자로서, 사업가로서의 길을 걸으며 당당히 나의 목소리를 내려고 노력하고 있다. 앞으로 나는 Dream Mate plus를 통해 치과위생사들이 함께 성장하고 꿈을 키워가며 행복한 미래를 열어갈 수 있도록 지속적으로 노력할 것이다. 조금 느리더라도 서두르지 않고 멈추지 않고 조금씩 나아가다보면 언젠가는 1인 기업이 아닌 당당한 사업가로 성장할 수도 있을꺼라 기대한다.

sin prisa pero sin pausa
'서두르지 마라 그리고 멈추지 마라'

이 글을 읽고 계신 분들 중에 무엇을 해야 할지 몰라 망설이고 있는 이들이 있다면 꼭 해주고 싶은 말이 있다. 아무리 절망적인 상황이더라도 포기하지 말고 지금 당장 무엇이든 시작하라.

강사로서의 삶을 살고 싶다면 임상에서부터 당신의 강의와 정보가 필요한 후배를 위해 정성을 다해 가르치기 시작해라. 프리랜서나 사업을 하고 싶다면 무조건 다른 일을 찾기보다 치과위생사라는 일 안에서 내가 잘할 수 있는 일들을 찾아 꾸준히 나만의 콘텐츠를 만들어라. 당신이 무언가 시작하자마자 기다렸다는 듯이 당신을 위한 자리가 생기지는 않는다.

하지만 시작이 없다면 기회도 없다. 후배를 가르친 경험이, 그리고 콘텐츠를 만들기 위해 꾸준히 쌓아올린 내공이 당신을 새로운 세계로 자연스럽게 옮겨놓을 것이다. 꾸준하게 경험과 콘텐츠를 쌓으면 그 끝에 행복감을 즐기고 있는 내가 있다. 무한한 가능성을 가진 우리에게 생명연장의 꿈이 실현되면서 꿈을 이룰 수 있는 시간도 늘어났다. 지금 당장은 치과위생사라는 직업에 한계가 느껴질 수도 있지만 우리가 함께 성장하고 업무분야를 확장시킨다면 치과위생사들의 꿈도 무한대로 이루어나갈 수 있지 않을까? 포기하고 좌절하며 살아가기에는 우리의 인생이 너무 길다.

"나는 성장하고 발전하는 내가 참 좋다."

나의 직업은
국민 마스티치

최원주

- 굿모닝치과 교육이사
- 동남보건대학교 겸임교수
- 전)이다치과 네트워크 경영이사
- 전)대한치과위생사협회 감사
- 전)경기도치과위생사회 회장
- 전)치과위생사 국가고시 문항개발위원
- 2010년 보건복지부 장관상 수상
- 대구보건대학 치위생과 졸업
- 가천대학교 병원경영학 석사

세상에서 가장 아름답고 뜨거운 것은 바로 "일에 대한 열정"이라는 것을 아는 그리고 아직도 때때로 뜨겁게 가슴이 뛰고 있는 행복한 치과위생사이다.

★이메일 : cwj2875@hanmail.net
★블로그 : https://blog.naver.com/
  cwj2875

보라색 라인의 흰 캡을 쓴 따뜻한 미소 천사 치과위생사 선생님을 만난 것은 내 인생에 행운의 시작이었다.

최원주의 파노라마 사진에서는 종합병원을 방불케 할 만큼 아주 복잡하고 다양한 치과 진료 흔적들을 볼 수 있다. 초등학교 때 극심한 치통을 경험했고 6세 구치를 발거해야 했다. 그래서 예방의 중요성과 초기치료의 중요성을 누구보다 더 잘 알게 되었다. 그리고 우리가 하는 구강 보건교육이 얼마나 중요한지를 경험을 통해 공부하게 되었다. 그 시절은 의료서비스란 용어조차도 생소했던 시대로 치과는 무섭고 두렵고 아프기만 한 그야말로 공포 그 자체였다.

극심한 치통으로 잠 한숨 못 자고 치과를 방문하게 되었는데 뜻밖의 천사 간호사 언니를 만나게 되었다. 그때는 치과위생사라는 직업을 모르던 때라 그렇게 생각했다. 그녀는 내가 치과를 방문할 때마다 따뜻하게 반겨주었고 나의 불안과 고통을 온전히 공감해주며 치료할 때마다 내 손을 꼭 잡아주었다. 게다가 하얀 원피스 가운에 보라색 라인의 하얀 캡을 썼는데 그 모습이 꼭 천사 같았으며 정말 예쁘고 멋져 보였다. 지금도 그 따뜻한 미소와 손길이 느껴지는 것 같다.

난 그때 생각했다. "저 언니처럼 치과간호사(치과위생사)가 되어 나처

럼 이가 아파서 고통받는 사람을 어루만져줄 거야." 그런 계기로 치과위
생사의 길을 택했다.

그 후 나는 하얀 원피스에 보라색 라인의 캡
을 쓰고 치과에서 일하게 되었다. 그때 만나던
한 남자가 "천사 같은 원주 씨"라는 표현으로
시작한 편지를 건넸는데, 아직도 그 편지가 서
재의 한쪽 서랍 깊숙한 곳에 자리 잡고 있다.
'나의 천사'라고 불러주던 그 남자는 지금 안방
침대에서 나 대신 나의 연적이 되어버린 우리
집 귀염둥이 두두(강아지)와 함께 곤히 자고
있다.

지금 생각하면 내가 유년 시절에 이가 아팠던 건 단순히 충치 때문만이
아니었던 것 같다. 그날의 고통은 직업과 미래의 길이 열리는 행운의 길
목이었던 것이다.
법륜스님은 이렇게 말씀하셨다.

"좋은 게 꼭 좋은 게 아니고, 나쁜 게 꼭 나쁜 게 아니다."

아직도 잘 모르겠지만 세상은 좋은 것과 나쁜 것이 연결되어 있다는 것
을 알아간다. 그리고 시작과 끝이 연결되어 있으며 우리가 하나라는 것도
알아간다. 그동안 모르고 살았던 것들을 나이가 들어가면서 알아가는 재
미를 느낀다. 아니 행복감을 느낀다.
나이를 한 살 한 살 더 먹어가는 것은 행복을 더 키워가는 일인 것 같
다. 오늘도 또 행복을 키워가고 있다.

나의 직업 "국민 마스티치"

"저는 마스티치입니다."

나는 환자들에게 자칭 "마스티치"라고 소개한다.

마스티치의 어원은 고대 로마 시대에 황제와 귀족의 구강 위생관리를 전문적으로 하는 인력인 "Mastich"에서 왔다. 그 시대에 mastic wood stick이라고 하는 치아 청결 기구를 사용하였는데 이 기구의 이름에서 유래했다고 한다. 지금같이 칫솔이 없던 시대에는 매스틱 우드 나뭇가지를 잘게 찢어서 껌처럼 씹기도 하고 이를 닦는 도구로 썼던 것이다.

"마스티치"는 황제와 귀족의 구강 위생을 관리했던 전문 인력이었다. 지금 내가 하고 있는 전문가계속구강관리를 맡은 고대의 전문 치과위생사였던 것이다.

그 시대의 마스티치가 황제와 귀족의 구강을 관리할 때 어떤 자세였을까? 정말 조심스럽고 귀하고 소중하게 최선을 다해 관리했을 것이다. 그런 의미로 나에게 오는 환자는 곧 황제이고 귀족이라고 생각한다. 황제를 대하는 마음으로 정성을 다하여 전문가계속구강관리를 시작한다.

환자를 대하는 것을 일이 아닌 귀한 손님을 대접하는 것처럼 여기게 된 계기는 유년 시절에 겪은 치통인 것 같다. 그 경험이 자연스럽게 환자의 입장에 서게 만든 것이다.

세상을 조금씩 더 살아보니 작은 것 하나 그냥 얻어지는 것이 없음을 알아간다. 세상에 일어나는 작은 현상에는 다 이유가 있고 또 결과가 따른다. 그 결과는 해석하기에 따라 좋은 결과가 되기도 하고 또 나쁜 결과로 생각될 수 있다. 좋은 결과로 정리하는 사람은 매사 긍정적인 삶을 사는 사람일 것이다. 그래서 나는 매사 긍정적으로 생각하는 사람이 되고자 노력한다.

우리는 감염성 질환으로 크게 몸살을 앓고 있다. 그리하여 병원을 방문하는 환자들의 불안증은 점점 더 커지고 있다.

오래전 이가 많이 아파 치과에 방문했을 때 나는 겁에 질려서
'아프지 않을까?'
'빼야 된다고 하면 어떻게 하지?'
'친절할까?'
'실력 있는 의사일까?'
'치료비가 비싸면 어떻게 하지?'
'기구 소독은 잘하나?'
라고 생각했다. 그리곤 간절히 바랐다.
'이 병원이 정말 좋은 병원이기를……'

팬데믹 시대, 특히 감염관리에 대한 불안은 의료기관을 방문하는 지구인들 모두의 큰 걱정이고 염려일 것이다. 현재 우리 치과에 방문하는 환자도 오래전 나의 그 간절함과 같은 마음일 것이다. 아니 훨씬 더 클 것이다. 나는 이런 경험과 마음에서 역지사지(易地思之)를 알게 되었다. 그 것은 자연스럽게 인생 철학이 되고 또 치과위생사로서의 직업 철학을 가

지게 했다.

마스티치로서의 일은 전문가 잇솔질로 시작된다. 쉽게 표현하면 칫솔로 하는 잇몸 마사지 방법이다. 치과위생사이면 누구나 할 수 있는 방법이지만 전문적이고 숙달되지 않으면 효과를 기대할 수 없다. 전문적이고 숙련된 기술을 가지기까지 많은 공부와 노력이 필요하다. 그리고 대상자별 구강은 물론 전신질환까지 고려하여 적용해야 하고 또 케이스 별로 지속적인 연구가 필요하다.

내가 하는 전문가 잇솔질 방법은 와타나베잇솔질법을 변형한 것으로 개별 환자 맞춤형이다. 우선 칫솔 선택부터 중요하다고 볼 수 있다.
환자의 상태에 따라 선택하는 칫솔로는 성인용, 소아용, 4줄, 2줄, 1줄 등이 있다. 칫솔 잡는 방법으로는 pen grasp, palm down grasp, palm up grasp 등이 있으며, 왼손잡이인 나는 특히 양손법으로도 더 많이 한다. 양손법은 술자의 피로도를 최소화할 수 있으며, 포지션 이동을 최소화할 수도 있어서 진료에 효율적이다. 전문가 잇솔질에서 중요한 것은 무엇보다 칫솔모가 상피에 꼭 닿게 해야 한다. 그리고 피스톤 동작으로 8~10회 반복해줄 때 부종을 빼고 단기간에 출혈을 감소시킬 수 있다. 전문가 잇솔질은 구강질환의 원인이 될 수 있는 치면세균막 제거에 탁월하다.

나는 잇몸에 염증이 있는 환자가 전문가계속관리의 결과로 잇몸이 건강해지고 아름다워지는 과정을 확인할 때 희열을 느낀다.

마스티치로 활동하면서 어렵고 힘든 부분 중 하나는 치료를 목적으로 내원한 환자에게 구강 위생 관리의 중요성에 대한 동기를 일으키는 것이다. 대상자의 구강 건강 회복은 전문가 혼자 하는 것이 아니라 환자와 함께 협력하여 만들어가야 성공할 수 있다. 우리 전문가는 대상자의 동기부여를 위해 또 많은 공부와 연구를 해야 한다고 생각한다. 손으로 하는 기술을 숙련시키는 것도 필요하지만 환자의 마음을 움직이는 구강 보건 교육 스킬도 함께 숙련시켜야 한다.

치과위생사로 근무하면서 다양한 업무영역을 수행하였지만 환자계속구강관리를 하면서 전문가 잇솔질을 시작한 지는 10년째가 된다. 그동안 많은 시행착오도 있었지만 10년이 지나는 지금은 그간의 수없이 반복된 진료가 뒷받침되어 전문적인 지식과 숙련된 기술로 나만의 노하우를 가지게 되었다.

무엇보다 치과위생사로 살아온 기간만큼의 수많은 경험에서 얻은 산지식들이 나에게 엄청난 자원이 되었다. 전문가 잇솔질은 나의 직업 세계에서 핵심 무기가 되었다. 무기를 통해 환자들을 만족시키고 직업적으로 스스로에게도 만족을 준다.

진료를 통해 축적된 기술과 노하우는 누구도 흉내 낼 수 없는 나 자신만의 독특한 진료기술이 되었다. 그것은 곧 차별화된 전략이고 또 의료상품이 되었다. 나는 감히 내 이름을 붙여서 최원주전문가잇솔질법으로 명명하고 싶다.

전문가 잇솔질을 받은 환자들은 이렇게 말하곤 한다.

"치아를 100세까지 책임져 준다는 말이 고맙습니다." 윤ㅇㅇ
"매일 양치할 때마다 생각나곤 합니다." 김ㅇㅇ
"잇몸이 쫀쫀해진 것 같아요." 김ㅇㅇ
"이젠 이가 안 흔들려요." 한ㅇㅇ

"이젠 입 냄새가 안 나는 것 같아요." 이○○
"제겐 스승입니다." 김○○

이런 말을 전해주는 나의 황제들(환자) 앞에서 하늘까지 치솟는 입꼬리를 감출 수가 없다. 그들의 눈빛에서 나오는 무한 신뢰와 만족감을 보면서 존재의 가치를 느낀다. 그리고 살아서 숨 쉬고 있음을 느낀다.

나에게 황제는 치과에 방문하는 모든 환자이다. 나아가 근무하는 치과의 지역민들이다. 그리고 더 나아가서는 우리 대한민국 국민들이다.
나는 국민의 구강 건강 증진을 위해 존재하는 치과위생사이다.
세상의 수만 개의 밥벌이 중에서 내가 선택한 직업! 내가 세상에서 가장 잘할 수 있는 일, 나에게 딱 맞는 핏의 옷처럼 편안한 직업, 나의 밥벌이가 치과위생사라 정말 좋다.

나는 국민 마스티치라서 행복하다.

위기에 기회가 찾아온다

"나는 85학번으로 면허번호는 3617번이다." 이 면허번호 하나로 임상에서 30여 년째 슬기로운 치과위생사 생활을 하고 있다. 치과위생사로 살아가면서 힘들고 고된 날이 더 많았을 텐데 시간이 지나 지금 생각해보면 힘들었던 날에 대한 기억이 그렇게 크게 느껴지지 않는다. 그것은 지금 내 직업에 대한 만족도와 자긍심이 높아져 있기 때문일 것이다.

"이 또한 지나가리라." TV 프로그램 '남자의 자격'에서 리더 이경규가 한 말이 생각난다. 치과위생사로 살면서 고되고 힘든 날들이 없었겠는가? 결혼하고 경력이 단절되었다가 재취업을 했을 때의 일들이 생각난다.

나는 대구보건대학을 졸업하고 취업해서 3년 정도 근무하다가 결혼했다. 그 시절 인기프로그램인 '미스코리아 선발대회'에서 사회자의 통상적인 질문 중 이런 게 있었다. 20대 초반의 미스코리아 수상자들에게 던지는 질문이다. "앞으로 꿈이 뭡니까?" 그녀들은 망설임 없이 '현모양처'가 꿈이라고 했다.

당시에는 많은 여성이 현모양처를 꿈꾸었다. 사회적으로 치과위생사가 결혼해서 계속 직장을 다니는 문화가 아니었기 때문이다. 결혼 후 7년은 온전히 현모양처로서의 꿈을 이루었다.

그런 시대에 1997년 IMF가 왔고 나라가 위기에 빠지니 기업도 사회도 각 가정에서도 위기를 겪어야 했다.

당시 남편이 대기업에 다니고 있었지만, 기업도 불완전하니 혹여 명예 퇴직자 명단에 오를 수 있다는 생각에 무척 불안해하는 것 같았다. 그래서 남편의 어깨를 조금이라도 가볍게 해주고 싶어서 재취업을 결심하게 되었다. 그때 큰딸 초1, 작은딸 유치원생으로 손이 한 참 많이 갈 시기여서 갈등도 있었다. 하지만 지금이 아니면 용기를 내기 어려울 것 같았다. 결심했고 치과위생사의 일을 다시 시작하게 되었다.

재취업을 결심하고 장롱 깊숙이 잠자던 치과위생사 면허증 3617번을 찾았다. 면허증과 함께 있던 봉투를 같이 발견했는데 그것은 치과입사용 추천서였다. 추천서는 결혼 전에 다녔던 김정호연합치과 원장님이 주신 결혼선물이었다. 원장님께 내가 치과위생사로 계속 일할 것이라는 선견지명이 있으셨던 것 같다.

원장님과 함께 일한 기간이 그리 길지 않았지만 치과위생사로서 인정해주신 것에 대한 증서로 여겨졌다. 추천서는 치과위생사로 다시 도전하는 데 자신감을 얻는 동기가 되었다.

지금 생각하면 내 인생 최고의 선물로 기억된다.

지금도 원장님과 안부 전화를 하고 지내지만, 오늘은 특별히 감사의 인사를 드리고 싶다.

"위기에 기회가 찾아온다."는 말도 있다. 1997년 IMF 위기가 나에게는 치과위생사로서의 두 번째 기회였다. 모든 것이 연결되어 있다는 사실을 또 느끼게 된 계기가 되었다. 위기 다음에 오는 그 기회를 나는 잘 잡았던 것 같다. 참 멋진 위로의 말이다. 인생을 좀 살아 본 사람만이 이 말을 할 자격이 있고 진정 감동을 준다.

재취업에 성공했지만 7년을 쉬고 다시 시작하는 치과 일이 평탄치만은 않았다. 면접에서 추천서를 제시하고 뭐든 잘할 수 있다고 자신감을 보였는데 막상 입사 후에는 잘하는 게 없었다.

이미 머리와 손이 다 녹슬어 있었던 것이다. 정직원이 되려면 3개월 수습 기간을 거쳐야 했는데 수습 기간을 못 채우고 아웃될 상태에 놓였었다. 하지만 거의 매일 울다시피 하면서 이를 악물고 견디며 공부하며 연습하고 노력했다.

열심히 한 이유를 되짚어보면 잘리는 게 무서운 게 아니라 해고된 엄마, 해고된 아내로 오점을 남기는 게 무서웠던 것이다. 정말 그랬다.

나는 일하면서도 멋진 아내, 멋진 엄마이고 싶었다. 재취업을 했으니 가족에게도 커리어 우먼의 모습으로 인정받고 싶었던 것 같다.

당시 해고의 위협을 느끼게 했던 원장님께 '당신이 무릎 꿇고 붙잡을 때 나는 당당히 퇴사할 것'이라고 마음속으로 이를 갈며 오기를 가지고 열심히 노력하고 공부했다. 그렇게 무사히 수습을 마치게 되었고 입사 6개월 만에 인정받는 실장이 되었다. 물론 원장님의 강한 리더십으로 훈련된 것이라 할 수도 있다.

지금 생각하면 그때의 지옥 같았던 순간들이 모여 오늘의 평화로움을 누릴 수 있는 것 같다. 뭐든 겪고 견디다 보면 새로운 멋진 길이 열린다. 그리고 오늘의 멋진 길은 나만의 노력으로 이루어진 것이 아님을 안다. 그동안 믿음과 신뢰로 공부하며 일할 수 있는 기회를 주신 원장님이 계셨기에 가능한 일이었다. 또 함께 동고동락한 동료, 후배님들의 도움 속에서 내가 존재하는 것임을 깨닫는다. 이번 기회에 그분들께 진심어린 감사의 인사를 전하고 싶다. "정말 감사합니다"

| "세상에서 가장 뜨겁고 아름다운 것" |

나는 거꾸로 공부하는 유형인 것 같다. 학교 다닐 때는 공부에 대한 재미를 몰랐는데 재취업을 한 후 끊임없이 자기 계발을 위한 공부 욕심이 생겼고 공부가 재미있다. 재취업 이후 주말이면 한 주도 쉬지 않고 지방(이천)에서 대중교통으로 서울로 공부하러 다녔다. 그 공부는 학문적인 깊이를 다루는 공부가 아니라 임상에서 필요하고 임상 치과의 발전을 위한 공부였다. 그동안 이수한 과정을 나열하면 코디네이터과정, 매니저과정, 상담과정, 강사과정, 치과컨설턴트과정, 최고CEO과정, 포괄치과위생관리과정(CDCH), 와타나베 전문가잇솔질과정, DISC강사과정, 에니어그램과정 등이 있었고, 의료경영학 석사과정까지 마쳤다.

임상가로서 열정적으로 일하며 공부하니 협회 임원으로 또 대학의 겸임교수로 초빙이 이어졌다. 학교 다닐 때는 내가 누군가를 가르치고 살거라고 상상도 못 했다. 하지만 임상 치과위생사로 최선을 다하고 최고의 자리에 이르니 이끌림의 법칙에 따라 학교, 협회, 사회단체 등의 여러 곳에서 섭외가 들어오기 시작했다. 지금도 분주하게 살지만 그때가 내 인생 중 가장 바쁘고 열정적이었던 것 같다.

그때 알았다. 세상에서 가장 뜨겁고 아름다운 것은 남녀 간의 사랑도 아닌 바로 "일에 대한 열정"이라는 것을……. 참 행복한 일이다. 아직도 내 가슴은 때때로 뜨겁게 뛰고 있다.

| "치주건강마을" 만들기 |

나는 경영이사 직함을 가지고 학교나 협회 활동을 시작했고 계속 치과경영 업무만 할 거라고 생각했다. 그런데 대학에서 임상치위생 역량을 강

화하기 위한 교과목을 지도하게 되면서 새로운 공부가 시작되었다.

가장 시급하게는 학생들 지도를 위한 국가고시 실기시험 평가자(채점자) 교육을 반복해서 받아야 했다. 또 포괄치위생관리(CDHC)과정, 와타나베 전문가 잇솔질 등을 연이어 공부해야 했다. 무엇보다 임상 치위생 실습을 잘 가르치기 위해서는 진료실에서 직접 환자를 봐야 했고 또 시스템을 연구했다.

그래서 개발한 시스템이 전문가계속구강관리프로그램(PTC)이다. 지금 이 프로그램을 가지고 10년째 전문가계속구강관리로 황제들의 이를 정성스럽게 관리하고 있다.

전문가계속관리를 하면서 나만의 미션과 비전을 가지게 되었다.

현재 근무 중인 치과가 있는 지역 주민의 구강 보건 향상에 최선을 다하여 "치주건강마을"을 만드는 게 개인적인 미션이다. 그래서 평생구강관리를 받고자 희망하는 1,000명의 환자층을 만들 것이다. 그 1,000명은 단순히 내원하는 환자가 아니라 나를 온전히 신뢰하는 황제(환자)들이다.

그들은 구강 건강 홍보대사 역할의 바이럴 마케터가 되어 계속구강관리 미션 실현에 좋은 동반자가 될 것이다.

환자를 이끄는 마음 터치법

    매일 정성을 다하여 한 명 한 명의 이를 닦고 잇몸을 마사지하는 일을 반복한다. 매일 똑같은 일을 하지만 매일 다른 환자를 보고 있다.

    오늘 한 전문가 잇솔질로 환자의 이는 날마다 건강해지고 또 10년 후, 50년 후에 구강 환경을 지켜갈 수 있는 구강 위생 관리 능력이 향상될 수 있을 것이라 생각한다.

    진료를 할 때 환자들의 동기부여를 위한 대화법 또는 구강 보건 교육법을 소개해보고자 한다.

    아래의 대화법을 들으며 진료하시던 대표원장님께서도 좋으셨는지 동료 후배들에게 최원주 어록들을 기록해두라고도 하셨다. 아마도 직원들이 함께 인용하기를 바라셨던 것 같았다. 그래서 나의 멘트에서 동기부여의 힘이 전달되고 있음에 더 자신감을 가지게 되었다. 물론 여러 가지 상황 즉 사회적 전신적 경제적 심리적 상황에 따라 다르게 접근하고 용어를 선택하고 예를 달리 쓴다고 말해 둔다.

    "오늘의 구강 관리 습관이 당신의 건강한 100세를 지켜줄
    것입니다."

황제들에게 가끔 이렇게 이야기한다. "오늘의 구강 관리 습관이 당신의 건강한 100세를 지켜줄 것입니다. 자연으로 돌아갈 때도 고스란히 건강하게 가져갈 수 있을 것입니다. 아름답고 건강하게 나이 들어가기를 바란다면 깨끗한 구강 환경을 만들어야 합니다."

"입속 관리를 잘하면 동안 미인으로 나이 들어갈 수 있습니다."
"동안 유지를 위해 우리는 피부과나 성형외과 또는 피부관리샵에 가서 끊임없이 관리를 받습니다. 이유는 탄력 있고 볼륨감 있는 얼굴을 만들기 위함일 것입니다. 물론 적절한 관리는 건강하고 아름다운 얼굴을 가꾸는 데 도움이 됩니다. 하지만 얼굴의 탄력과 볼륨감의 유지는 건강한 구강 관리가 기초가 되어야 합니다. 얼굴의 볼륨 유지는 잇몸과 치아가 건강할 때 가능하기 때문입니다. 옛날 우리 시골의 할머니 할아버지의 모습을 떠올려보십시오. 먼저 얼굴에 깊은 주름살이 쭈글쭈글 생기고 볼 우물은 깊게 파이고 입은 합죽하고 엉성하고 길쭉길쭉 흘러내린 치아를 가진 그런 할머니 할아버지의 모습이 생각나실 것입니다. 나이가 든다고 당연히 그렇게 되는 게 아닙니다. 구강 내 치면세균막 (구강 위생) 관리만 잘하셔도 100세까지 젊고 건강한 시니어의 삶을 살아갈 수 있을 것입니다."

"선생님은 지금 귀한 보석을 ○○개나 가지고 있습니다."
"○○님은 귀한 보석을 ○○개나 가지고 있습니다. 지금 ○○개만 남아 있는 치아가 아니고 ○○개의 보석을 가지고 계시니 부자십니다. 일반보석은 돈 주고 살 수 있지만 ○○님의 이 보석은 돈 주고 살 수도 팔 수도 없는 정말 귀한 보석이니까 지금부터라도 귀하게 소중하게 관리를 잘 하셔야 합니다. ○○님이 ○○개의 치아를 뽑지 않고 잘 쓰실 수 있게 원장님께서 관리할 수 있도록 제가 최선을 다해 돕도록 하겠습니다."

"숟가락 닦듯이 하나하나 닦아야 합니다."

"혹시 설거지를 자주 하시나요? 가족은 몇 분이신가요? 식사하시고 설거지를 하실 때 숟가락은 4개를 동시에 닦나요? 그럼 하나하나 닦는 이유는 무엇인가요? 맞습니다. 여러 개를 같이 닦으면 포개진 곳은 잘 닦이지 않습니다. 잘 닦지 않은 숟가락은 더럽다고 아무도 쓰지 않을 것입니다. 그래서 우리 치아도 똑같이 하나하나 꼼꼼하게 닦아야 맛있는 음식을 오래오래 건강한 치아로 또 먹을 수 있을 것입니다."

"구석진 곳에서 잇몸질환이 시작됩니다."

"혹시 청소 자주 하시나요? 청소할 때 먼지와 머리카락은 어디에 많이 끼어 있나요? 네 맞습니다. 넓은 곳보다는 좁은 구석에 많이 끼지요. 그곳이 바로 치면세균막의 온상이 되겠지요. 그렇기 때문에 치아 사이, 치아와 잇몸의 경계 부분, 그리고 최후방 치아 뒤쪽을 잘 닦아야 합니다. 무엇보다 그곳에 적합한 기능성 용품은 써야 하는데 치간칫솔, 첨단 칫솔, 워터픽 등이 있습니다."

이런 소통들은 환자와의 단순 소통이 아니라 환자들의 동기부여를 위한 구강 보건 교육을 스토리텔링 하는 것이다. 구강 보건 교육은 마주 보고 앉아서 화면을 보여주며, 책에 있는 내용을 가르치는 것만이 교육이 아니기 때문이다. 최원주의 구강 보건 교육 방식은 불안한 환자들이 안정을 취하게 하고 또 절망에서 희망과 용기를 북돋워 주는 것에 가깝다.

과거의 구강질환은 전신질환이 있으면 구강질환이 따른다는 one way 방식을 주장했고 그에 따른 논문이 대다수였다. 그러나 지금 치의학계에서는 two way, 즉 구강질환이 전신질환의 원인이 될 수 있고 전신질환이 구강질환을 일으킬 수 있다는 논문이 많이 쏟아져 나오고 있다.

나는 감히 이렇게 생각해 본다. 구강질환뿐만 아니라 전신질환 예방은 입속 관리라고 말이다. 건강의 시작은 어디에서부터인가? 아니 질병은 출발점은 어디인가? 질병의 시작은 입으로 시작되는 게 아닐까?

　건강하기 위해서는 입으로 균형 있는 영양소를 고려한 음식을 골라 먹어야 한다. 그리고 소화가 잘 되도록 잘게 많이 씹어야 한다. 그렇기 위해서는 입속이 건강해야 하고 치아가 튼튼해야 한다. 그래야 몸에 좋은 음식을 구강에서 식도-위-소장-간-쓸개-대장-항문에서 몸 밖으로 내보낸다. 그 과정에 음식이 영양소로 각 기관의 에너지원으로 사용되어 우리가 건강하게 살아 숨 쉴 수 있는 것이다.

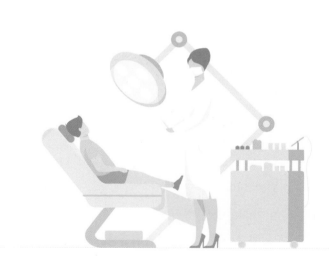

나의 꿈은 백발의 시니어 치과위생사

나의 면허번호 3617번이 자랑스럽다. 이는 국가가 인정해 준 밥벌이의 자격이면서 인생 자격이기도 하기 때문이다. 나는 백발이 되어서도 진료실에 남는 게 꿈이다. 백발의 치과위생사가 많아져서 그 나이까지도 자리를 지키는 게 대한민국 치과위생사 누구나의 꿈이 되기를 바라는 마음이다.

한국의 치과에서 백발의 시니어 치과위생사들을 볼 수 있는 그런 치과계의 인력 구조가 문화로 정착되길 소망한다. 알려지지 않은 재야의 고수 선배님들이 계실 수도 있다. 릴레이로 바통을 이어서 걸어가고 또 후배 중 꿈을 가진 분이 이어가면 문화가 된다.

한 사람이 이룬 변화를 여러 사람이 함께하면 추세가 된다. 그리고 오랫동안 지켜지면 문화가 된다.

치과위생사가 되어서야 살아온 경험에서 인생 철학을 가지게 되고 또 직업 철학을 가지게 되었다. 내 인생은 치과위생사가 전부라고 말해도 과언이 아닌 것 같다.

워킹맘으로 살면서 가정과 일을 병행하는 데 많은 어려움이 따랐다. 하지만 치과위생사 업이 힘들다고 이직에 대한 고민은 한 번도 한 적이 없다.

치과위생사 일은 최원주가 가장 잘할 수 있는 일, 가장 잘하고 싶은 일이기 때문이다.

앞으로 10년, 그리고 또 10년을 진료현장에서 일하고 싶다. 그러기 위해서 오늘도 줌 영상을 보며 미래를 준비해간다.

치과위생사의 직업은 건강지킴이로서의 역할로 그 중요성을 인식할 수 있다. 초고령화 사회, 건강한 100세를 꿈꾸는 시대에 건강은 무엇보다 중요하다. 구강이 건강해야 전신 건강을 지킬 수 있다는 연구결과들이 많이 발표되고 있다. 인간의 가장 기본적인 욕망은 건강하게 맛있는 거 먹으면서 오래오래 사는 것이다.

시작과 끝이 하나임을 알아가면서 치위생관리가 전신건강관리의 시작이라는 생각을 한다. 단순히 구강 건강 관리로만 그치지 않는다는 뜻이다. 구강 건강이 전신 건강을 지켜주고, 구강질환이 전신질환으로 연결되기 때문이다. 하지만 전문가라는 입장에서 경험만으로 주장하고 설명하면 전문성이 결여된다.

구강 건강에 대한 충분한 이론적 지식을 바탕으로 임상 경험을 이야기할 수 있어야 한다. 그러기 위해서는 끊임없는 공부가 필요하고 세상을 이롭게 하는 관점에서 일할 수 있어야 한다.

국민 마스티치라는 이름을 걸고 황제들을 위하여 끊임없이 공부하고 노력할 것이다.

이가 불편한 환자가 환하게 웃고, 지역민이 웃고 환하게 웃고, 나아가 온 국민이 환하게 웃는 그날까지 매일매일 정성스럽게 이를 닦아줄 것이다. 그래서 나는 행복한 마스티치로 살 것이다.

나는 한국의 최장수 시니어 치과위생사로 멋지고 아름답게
은퇴하고 싶다.

Beyond my job

치과위생사들을 위해 치과위생사들이 모여 이야기를 만들어가자고 저자들과 만나고 미팅을 거듭했다. 본격적으로 집필을 시작하고 퇴고를 반복하는 지난 4개월 동안 에너지가 점점 더 높아지는 것을 느꼈다.

집필 중에 자신의 이야기에 빠져있을 때는 내 이야기가 공감을 받을까, 경력이 부족하지 않나 하는 걱정이 앞섰는데 선후배 동료 치과위생사의 이야기를 읽으며 위로와 공감, 용기를 얻게 되면서 치과위생사를 넘어 치과위생사 언니들이 되어 큰 힘이 되어갔다.

Beyond me

이곳에는 치과위생사로 직장생활을 시작한 인생 언니들의 이야기가 담겨있다. 그들의 공통점을 살펴보면, 물음표로 시작해서 느낌표가 되어간다는 것이다. 정답은 주어지는 것이 아니라 완성되어가는 것이라는 것을 직업을 통해 터득하게 된다.

미생에서 완성이 되어가면서 스스로 더 멋있고 괜찮고 당당해진 모습을 발견하게 된다. 각자가 시작과 과정은 달랐지만 한 곳에서 만난 것 같은 느낌이 든다.

오늘에 집중하면 내일이 달라진다. 혹은 꿈이 오늘 나의 행동을 바꾼다. 결국, 더 나은 나를 발견하게 된다.

Standby your Dream

저자들의 공통점은 나이나 연차와 상관없이 꿈을 이루고 또 다른 꿈을 꾸고 있다는 것이다. 꿈을 꾸고 꿈을 이루고 꿈을 향해가는 치과위생사가 있는 한 "언니들의 클라쓰"는 계속될 것이다.

언니들의 클라쓰

초판 1쇄	2022년 2월 11일
초판 2쇄	2022년 7월 29일

지은이	고태희, 김효선, 김지현, 이상용, 유아람, 조유진, 구민경, 정은지, 조수정, 김경희, 조지영, 양윤서, 김예성, 서희성, 유은미, 최원주
발행인	김재홍
기획/편집	김예성, 조지영, 최혜숙
제작	유은미(디엠플러스)
디자인	박효은
교정/교열	김혜린

발행처	도서출판지식공감
등록번호	제2019-000164호
주소	서울특별시 영등포구 경인로82길 3-4 센터플러스 1117호(문래동1가)
전화	02-3141-2700
팩스	02-322-3089
홈페이지	www.bookdaum.com
이메일	bookon@daum.net

가격	15,000원
ISBN	979-11-5622-672-7 03320